道徳大好き！ 子どもが喜ぶ道徳プラン集

目次

道徳授業の新たな可能性を探る
- ●子どもが喜ぶ〈道徳プラン〉 ……………………… 中　一夫　6

  いよいよ特別の教科「道徳」が始まります。教科書の登場で〈深い学び〉につながる授業は可能になるのでしょうか。一体，どのような方法で，どのような教材を使えば，子どもたちにとって学びがいのある授業が実現するのか――その可能性を探ります。

道徳が教科化したって，へっちゃらです
- ●これからも〈道徳プラン〉でたのしい授業 ……………… 峯岸昌弘　17

  道徳が教科化されてもご安心ください。気に留めておくとよいことや，プランの使い方をガイドします。

道徳ぎらいの私でも幸せを感じられる道徳の時間 … 長　香里　25
道徳があると「ヤッター！」と喜ぶ子どもたち。

A 主として自分自身に関すること

〈つれさられた記憶〉 …… 長嶋照代・峯岸昌弘　30
□小学校低学年から
□関連する内容項目
▶A「善悪の判断，自律，自由と責任」／「節度，節制」

〈モンジ〉 ……………………………………………… 峯岸昌弘　45
□小学校低学年から
□関連する内容項目
▶A「善悪の判断，自律，自由と責任」／「正直，誠実」

＊対象学年は授業を実施する際の目安です。
授業プランの内容は，各プランの最初の内容紹介をご覧ください。

〈遠足〉 …………………… 四ヶ浦友季・峯岸昌弘　66
□小学校低学年から
□関連する内容項目
▶A「個性の伸長」
▶C「相互理解，寛容」／「よりよい学校生活，集団生活の充実」など

〈ピンチの時に〉 ………………………… 峯岸昌弘　81
□小学校低学年から
□関連する内容項目
▶A「希望と勇気，努力と強い意志」
▶C「よりよい学校生活，集団生活の充実」

〈ミスした時に〉 ………………………… 中　一夫　102
□小学校高学年から
□関連する内容項目
▶A「正直，誠実」
▶D「よりよく生きる喜び」

column① 道徳教科書のこなし方……………………… 中　一夫　117
　　　　──教科書をラクに終わらせるテクニック

B 主として 人とのかかわりに関すること

〈ホンダ君と私〉 …………… 長嶋照代・中　一夫　122
□小学校低学年から
□関連する内容項目
▶B「相互理解，寛容」
▶A「善悪の判断，自律，自由と責任」／「節度，節制」

＊「▶」印は，学習指導要領の内容項目との関連です。
教科書のお話と入れ替える際の参考にしてみてください。

〈やっつけてやる〉 …………… 四ヶ浦友季　132
- 小学校低学年から
- 関連する内容項目
- ▶B「親切，思いやり」／「相互理解，寛容」
- ▶C「よりよい学校生活，集団生活の充実」

〈ライバル〉 …………… 前田健二・中　一夫　147
- 中学校から
- 関連する内容項目
- ▶B「友情，信頼」
- ▶A「希望と勇気，努力と強い意志」

〈うれしい言葉・いやな言葉〉 … 中　一夫　160
- 小学校高学年から
- 関連する内容項目
- ▶B「礼儀」／「相互理解，寛容」

column② 道徳プランはただの「当てもの」か？………… 中　一夫　174
　　　──問題と選択肢があればプランになるか

C 主として**集団や社会との**　　**かかわりに関すること**

〈真夜中のいたずら〉 …………… 峯岸昌弘　178
- 小学校中学年から
- 関連する内容項目
- ▶C「公平，公正，社会正義」／「よりよい学校生活，集団生活の充実」

＊各授業プランの後ろには，プランのねらいや授業実施の際の注意事項，実際の授業の記録や子どもの感想などの「解説編」がついています。

〈先輩と後輩〉 ……………… 四ヶ浦友季 197
□小学校高学年から
□関連する内容項目
▶C「公平，公正，社会正義」／「よりよい学校生活，集団生活の充実」

〈社会を動かすもの〉 ……………… 中 一夫 213
□中学校から
□関連する内容項目
▶C「公平，公正，社会正義」
▶A「正直，誠実」

授業記録 〈社会を動かすもの〉
❖中学2年生とたのしい道徳の授業………………………山田岳史 226
〈信用〉をテーマに，社会について考えていく授業プラン。「社会は信用で成り立っているんだ」「この授業は将来すごく役立ちそう」──そんな感想がずらっと並んだ〈たのしい道徳〉の様子をどうぞ。

column③ 道徳プランを教科書的に授業すると……………… 中 一夫 264
──対照実験で見えてくること

D 主として生命や自然，崇高なものとのかかわりに関すること

〈うそつきノンちゃん〉 ……………… 淀井 泉 268
□小学校低学年から
□関連する内容項目
▶D「よりよく生きる喜び」
▶A「善悪の判断，自律，自由と責任」／「正直，誠実」

●装丁・扉イラスト・本文カット:いぐち ちほ

〈神社〉 ……………………………………………… 淀井　泉　282
　□小学校低学年から
　□関連する内容項目
　▶D「よりよく生きる喜び」／「感動，畏敬の念」
　▶B「親切，思いやり」

column④　研究授業での利用は慎重に！ ……………　中　一夫　297
　　　　　──過度の期待は禁物です

　　　　　　　　　　　あとがきに代えて……… 　中　一夫　299

=== 本文に出てくる用語 ===

仮説実験授業…1963年に板倉聖宣さん（1930-2018）によって提唱された，問題に予想（仮説）を立て，討論をし，結果（答え）を実験で確かめていくことを繰り返して，科学（自然科学・社会の科学）の基本的な概念や法則を教える授業です。一流の科学者がその法則を発見した道筋──問題意識・思考・感動を追体験する授業であるともいえます。授業の進め方はとても簡単で，仮説実験授業では必ず《授業書》と呼ばれる印刷物を使い，そこに書かれているとおりに授業を進めるだけです。詳しくは，『仮説実験授業のABC』（仮説社）をお読みください。

たのしい授業…生徒も教師も「たのしい！」と思える授業。「人類が大きな感動をもって築き上げてきた文化を受け継いでいく教育は必ず楽しいものになる」という〈人類の文化への信頼〉を背景に，たくさんの授業実験でその成果が確かめられたものを指します。仮説実験授業や「キミコ方式」による絵の授業のほか，創意工夫で楽しい創造体験ができる「ものづくり」の授業も含まれます。

授業書…〈「教案 兼 教科書 兼 ノート 兼 読み物」で，その授業書に印刷されている指示そのままにしたがって授業をすすめれば，誰でも一定の成果が得られるように作られているもの〉を指します。「授業書」の考え方については，『たのしい授業の思想』収録の論文「第2部 授業書とは何か」をお読みください。どのような授業書があるかについては，『仮説実験授業のABC』の「第5話 どんな授業書があるか」をご覧ください。なお，授業書は仮説社のホームページでお買い求めいただけます。

道徳授業の
新たな可能性を探る

●子どもが喜ぶ〈道徳プラン〉

中　一夫　東京・中学校

❖なぜ道徳教科化がすすめられたか？

　2018（平成30）年度から道徳の教科化（特別の教科「道徳」）がスタートし，それまでの〈副読本〉という形でなく〈教科書〉を使った授業となります。1958（昭和33）年に道徳の時間が特設されてからおよそ60年がたちますが，道徳授業の形は大きく変わろうとしています。それでは，どうして道徳の「教科化」が必要とされたのでしょう？

　文科省は道徳教科化の理由として，①量的確保，②質的転換──という2点をあげています。

① 「量的確保」の問題

　これまでの道徳は，週1時間（年間35時間）の授業実施を求められていますが，十分には実施されていませんでした。私自身の経験から言っても，道徳の授業は学級活動や行事の準備，足りない授業などに振替えられたりすることが多くありました。そのような現

場の実態から，正式な〈教科〉として扱うことにより，決められた時間の道徳授業を確実に実施するよう求めたわけです。

② 「質的転換」の問題

それと同時に問題となるのが，道徳授業の「内容と方法」です。そのため「アクティブラーニング」(今では「主体的・対話的で深い学び」という言葉で表す)などの方法による「考え・議論する道徳」の授業への「質的転換」が求められました。

なぜそのような質的転換が求められたかというと，ある社会問題への対応が一つの大きな理由となっています。それは何だと思いますか？

❖ 〈いじめ〉対策としての道徳授業

それは，〈いじめ〉問題です。2016年に当時の松野博一文部科学大臣は，道徳教科化の理由をはっきり述べた次のメッセージを出しました。(引用部の下線は中による)

> 松野博一文部科学大臣メッセージ(平成28年11月18日)
> いじめに正面から向き合う
> 「考え，議論する道徳」への転換に向けて
>
> 11月2日，いじめ防止対策協議会から，いじめの防止等の対策に係る提言をいただきました。文部科学省は，これに沿った取組を様々な角度から総合的に進めてまいります。
> その中でも，私は特に，平成30年度から全面実施となる「特別の教科　道徳」の充実が，いじめの防止に向けて大変重要であると思っています。……

「考え，議論する道徳」への転換

　道徳の特別の教科化の大きなきっかけは，いじめに関する痛ましい事案でした。

　これまでも道徳教育はいじめの防止に関して大きな役割を負っていました。しかし，これまでの道徳教育は，読み物の登場人物の気持ちを読み取ることで終わってしまっていたり，「いじめは許されない」ということを児童生徒に言わせたり書かせたりするだけの授業になりがちと言われてきました。

　現実のいじめの問題に対応できる資質・能力を育むためには，「あなたならどうするか」を真正面から問い，自分自身のこととして，多面的・多角的に考え，議論していく「考え，議論する道徳」へと転換することが求められています。

　このため，道徳の授業を行う先生方には，是非，道徳の授業の中で，いじめに関する具体的な事例を取り上げて，児童生徒が考え，議論するような授業を積極的に行っていただきたいと思います。

　……こうした学びは，いじめという問題だけではなく，道徳教育の目標である「自己の生き方を考え，主体的な判断の下に行動し，自立した人間として他者と共によりよく生きるための基盤となる道徳性を養う」ことそのものにつながるものであると思います。
(http://www.mext.go.jp/b_menu/houdou/28/11/1379623.htm　文部科学省ホームページより)

　このように，これからは道徳の授業の質を転換し，特に「いじめを扱う授業」に取り組むことを強く求めたわけです。

❖道徳授業の「転換」はうまくいくか？

　それでは，大臣が述べるような「〈いじめ〉を深く考える授業」はどのくらい実現できるでしょうか？

いじめの指導は一つ間違えれば重大な結果をまねくこともあります。「考え議論する」道徳授業の中で,「いじめられる子の方が悪い！」などの意見が出て, 逆に〈いじめ〉を生んだりする恐れだってないとは言い切れません。

　教育現場では毎月のアンケートをはじめ,〈いじめ〉に関するさまざまな指導がすでになされています。それにもかかわらず, どうして悲惨ないじめ事件が続くのか, その理由が明らかになっているとは言えないでしょう[1]。そういう中で, この方針でいじめ問題は解決するのでしょうか？

　また, この方針の中には,「どうして道徳授業が十分に実施されてこなかったか？」という理由そのものに対しての考察が欠けているように思えます。この改革で道徳の授業は充実したものに「転換」できるでしょうか？

　道徳授業が十分実施されなかった, つまり先生たちが道徳の授業をやりたがらなかったわけは, 一言で言って「道徳の授業が難しい」からでしょう。自分が実際に受けてきた道徳授業も,「印象に残っていて, 受けてよかったと思うような授業」は, なかなか思い浮かびません。また, 教師になって自分が道徳の授業をするようになってからも, 子どもたちがノッてきて, 思ったように授業が進むという経験はなかなかないものです。予定していた結論を導き出せずに, 最後にあせって強引なまとめをした経験のある先生も, 少なくない

---

[1] ここでは詳しく論じませんが, 私自身の〈いじめ〉の問題についての考え方は,「教師・大人のための〈いじめ〉読本——〈いじめの見方・考え方〉」(『教師のための教育相談』仮説社, 2017年)をお読みください。そこには「いじめとは何か」「いじめはなぜ起こるか」, そして「いじめ解決のための方法」について, 詳しく論じてあります。

でしょう。

　真の「改革」には，本当に有効ないじめ防止の手立てや，多くの先生たちの苦手意識を変える授業の手だてこそが必要なのではないでしょうか。

❖教科書で「深い学び」は実現するか？

　いままで道徳の時間は，副読本の教材や先生自ら探してきたような教材を，各自で工夫して授業にかけていました。先生たちは「いい教材」を探すことに，一番苦労していたと言えます。

　今回，道徳の教科書ができれば，先生たちが教材選びに毎回悩んだりすることがなくなることで，歓迎される面もあるでしょう。だから，新しい教科書が先生たちも使いたくなるような魅力的な教材を多く含んでおり，先生たちが授業の進め方に迷うことの少ないような作りになっていることを願っています。

　けれども，もし新しい教科書が今までの副読本と同じような内容・形式であったなら，先生たちは今までと同じように，それぞれの教材についてどう扱っていけばいいのか迷いながら進めることになってしまうことでしょう。

　ところで，最初に紹介したように，最近の授業では「主体的・対話的で深い学び」を求め，「考え・議論すること」が奨励されています。最近よく見られるのは，課題を出され，「少人数グループでの話し合い」を行い，考えを付箋紙やホワイトボードに書いて貼って，発表されたものをまとめていく——というパターンです。授業や教師の研修会などでもよく見られるやり方ですが，一番気になることは，そのやり方で子どもたちの考えが深まっているかということです。

　こうしたやり方は，時間も限られているため，各グループは手早

く簡潔にみんなの意見をまとめることを求められ，話し合いが深まるということはなかなかありません。それぞれのグループの発表もいろんな意見が羅列的に出されるだけで，それをまとめることが難しく，「どの意見も正しい」などとお茶を濁してしまうことが多いのではないでしょうか。一体何が結論なのか，何を学べたのかよく分からないで終わることが少なくありません。もちろん，「さまざまな意見があること」を知る意味は大きいのですが，何だか話し合いを入れることが目的となっていて，肝心の「学ぶこと」が置去りにされてしまうように感じることもあります。

そういう授業や研修で，子どもや参加者は「深く学んだ」と感じられるでしょうか？　他の人と意見をかわしながら考えを深めていく，「対話しながら学んでいく」ということは，実際にはとても難しいことだと思うのです。

❖授業の方法は？

それでは，道徳の授業をどう考えればよいのでしょう？

まずは，今までのやり方・考え方などにとらわれないで，さまざまなやり方を探ってみてはどうでしょう。

たとえば，授業の進め方でも「教材文を最初に全部提示する」やり方だと，結果を見て判断するために，どうしても「心情などの読み取り」の授業に陥る危険が高くなります。一方で「教材を細切れに提出し，その先を予想する」と，解釈の授業に陥ることを防げますが，あてもの的に終わる危険性が出てきます。けれども，全員が同じ立場で授業に参加することができる良さも生まれてきます。

グループで話し合うのが効果的なときもあるし，自分一人で静かに考える方がよい時もあるでしょう。討論するのがいいのか，先生

がただ話を読み上げるのがいいのか、それぞれ自分で読んで考えるのがいいのか、それは教材によって異なってきます。

　授業の終わり方についても、「まとめ」があって、みんなでしっかり学んだことを確認するのがいい授業もあるでしょうし、逆にまとめなどはなしに、深い余韻の中で終わる授業もあっていいでしょう。一時間では終わらず、数時間かかる授業があっても、もちろんいいはずです。

　このように、道徳の授業は「いつもこう教えないといけない」というものではなく、教える内容、教材に合わせてすすめ方も変わるはずです。

　どの方法がいいのかは、実際に授業をしてみて、〈子どもたちがどういう教材、どういうやり方の方がより深く考えることができるかどうか〉によって判断するより他ありません。

　そしてまた、そもそも子どもに限らず大人も、**本当に深く考えだしたら黙る**ものではないかと思うのですが、どうでしょう？　〈深い考え〉とは、自分自身との対話の中で、ゆっくりと時間をかけて育っていくものに思えるのです。そういう時は、人の話を聞いたり、自分の意見を求められたりすることが、逆にうっとうしく思える時があります。「ちょっと待って。いまは一人で考えたい」と。そうして、自分の考えがまとまってから、ようやく人に話せるようになると思うのです。

　私は道徳や科学の授業を続ける中で、本当に子どもたちが集中しはじめると〈シーンとした授業になる〉ということを何度も経験しています。そうした授業では、意見が全く出なくても、子どもたちはかえって真剣に考えていて、授業の感想を書いてもらうと深く考えていることに驚ろかされたりするのです。たとえ、授業時間内に

は「答え」が出なくても,自分自身が真剣に考える時間というのは,子どもたちにとっては,なによりも大切な〈深い学び〉であると思うのです。

　そして,こういう〈深い学び〉につながるには,何より〈考えるに値する問題〉が不可欠です。〈深い意見の交流〉をするには,本当に厳選された,〈みんなの興味をかきたてるような問題(テーマ)〉が必要なのです。そして,そういう教材を準備することが決定的に重要なことだと思うのです。

❖子どもが喜ぶ〈道徳プラン〉

　道徳授業の根本の目的は,先の文科大臣の言葉の中にあるように,「よりよく生きるための基盤となる道徳性を養う」ことにあります。道徳の時間を本当に「社会で生きていく上で基礎となる知識と考え方を学ぶ時間」にすることが出来たら,その授業はきっと子どもたちからも喜ばれるものになるでしょう。

　それを形にしたのが,この本で紹介する〈道徳プラン〉です。ただし,ここで言う〈道徳プラン〉とは,たんに「道徳の授業のためのプラン」というものではありません。そうではなくて,「**そのとおりに授業を進めれば,子どもも教師も満足できるような道徳授業ができるようにまとめられたもの**」のことです(以下,簡単に「(道徳)プラン」ということもあります)。

　この本の道徳プランは,「お話」の部分と先の展開などを予想する「問題」の部分に分かれており,自分で選んだ予想の理由や意見を出し合いながら授業が進みます。道徳プランはそのまま印刷して,プリントを一枚ずつ配りながらその指示に従って授業を進めて,授業者がそれを改変する必要のないように作られています。というよ

り，改変すると逆に悪くなることがほとんどです（⇒コラム③「道徳プランを教科書的に授業すると」264ペ）。

　これらの道徳プランは，科学の最も基礎的な法則を教えるために作られた仮説実験授業の〈授業書〉と呼ばれるものをモデルにして作られています。そして，それらのプランはさまざまなクラスで実施され，その良し悪しは子どもたちに聞いた評価や感想をもとに判断されます。大多数の子たちが「たのしかった」「役立った」と評価し，「ほぼどのクラスで実施しても一定の評価を得られる」ことが確認されたものが，プランとして提供されるのです。

　現在作られている道徳プランは，大きくは次の2つのタイプに分けられます。

（1）役立つ知識・考え方を伝えるもの＝知識系プラン

　このタイプは，伝える知識や考え方がはっきりしているプランです。「知っていれば無用なトラブルが避けられる」というような，「生きていくうえで本当に役に立つ知識」を探り，それを子どもたちにも納得いくような形で伝えるものです。この本に収録されているプランで言えば，〈うれしい言葉・いやな言葉〉〈社会を動かすもの〉が代表例で，ほかにも本書の姉妹編である『生きる知恵が身に付く道徳プラン集』（仮説社，2016）に収録されている「〈あいさつ〉ってなぜするの？」「〈いじめ〉について考える」などが，知識系プランに分類できます。

（2）自分を作者の立場において考えるもの＝物語系プラン

　プランとしても最も数が多く，この本でも大部分を占めるのが，作者の経験談をもとにした〈物語系〉と呼ばれるプランです。本書で言えば，〈モンジ〉や〈ミスした時に〉が代表例です。これらのプランは，基本，物語の流れにそって先の展開を予想しながら読み

進めていく構成になっています。

特に結論やまとめもないのに（だから？），子どもたちはいつの間にか物語の中に入り込み，主人公と一緒に「自分ならどうするか？」頭をフル回転させて考えていきます。自分が体験したことのないことでも，物語のストーリーに従って追体験できるわけです。ですから，予想が当たっても外れても，子どもたちの心に深い印象を残します。

人生ではさまざまな問題にぶつかり，「どうすればいいのか」迷う場面が数多くあります。このタイプのプランを経験することで，そうした場面でもさまざまな選択肢を持って考えることができるようになることを期待しているのです。

＊

〈道徳プラン〉を個人で作るというのは，なかなかたいへんなことです。なにより，「深い学び」につながるような〈考えるに値するテーマ〉〈みんなの興味をかきたてるような問題（テーマ）〉を探すことが難しいですし，その配列や問題設定にも工夫や配慮が要ります。そして安定した評価が得られるか，多くの実験授業での確認も必要です。この本で紹介するプランは，そういう検証をもとに，一つ一つ積み上げられてきたものなのです（⇒コラム②「道徳プランはただの〈当てもの〉か？」174ペ）。

❖道徳授業の可能性

授業を受けるのは子どもたちですし，授業を実施するのは先生たちです。道徳教科書ができても（できたからこそ），それぞれの先生が工夫をこらした道徳授業はこれからも求められますし，その重要性は減らないでしょう。

そして，子どもたちが評価してくれて，先生たちが「またぜひやりたい」と思うような道徳授業を，一時間でもいいから実現できたらすばらしいことではないかと思うのです。それは「誰が作ったか」ということよりも，それを選び取る先生の判断(決断)が求められる，創造的な活動と言えます。

　そういう道徳授業が実現すれば，「子どもたちが最も歓迎する授業が道徳」ということだってありえます。そして，道徳プランを実施している先生のクラスでは，実際にそういう例があるのです（⇒長　香里「道徳ぎらいの私でも　幸せを感じられる道徳の時間」25ぺ）。そう考えると，道徳授業には私たちが想像していなかったほどの可能性があるのではないでしょうか。

　この本で「自分もやってみたい」と思えるようなプランが見つかることを願っていますし，まずは試してみて，自分の頭で判断してみてもらえたらと思うのです。この本がみなさんの〈道徳〉のイメージを大きく変えていってくれることを願っています。

道徳が教科化したって，へっちゃらです！

●これからも〈道徳プラン〉でたのしい授業

峯岸昌弘　群馬・小学校

❖道徳が教科化したら大変か？

　道徳が教科化して，今までと変わることは，大きく2つだと思っています。ひとつは「〈教科書〉の登場」。もうひとつは「通知表での〈評価〉」です。すでに，道徳プランを使った授業のファンです！」という方も，「ぜひこれからやってみたいです！」という方も，この〈教科書〉〈評価〉との付き合い方については，少し考えておくとよさそうです。

❖「教科書」との付き合い方

　教科書の登場により，学校現場では「今までよりも教える内容をハッキリさせ，教え残しがないようにチェックする」というようなことが求められてくると思います。「教科書にある単元はとばさずに，全てやりきること」が声高に求められるようになるかもしれません。すると，教科書にない「道徳プラン」をすることのハードルが上がってしまう可能性もあるでしょう。

　しかしながら，道徳の学習指導要領（平成27年7月．文部科学省）の解説には，以下のように書かれています。

> （2）<u>多様な教材を活用した創意工夫ある指導</u>
>
> 　多様な教材が開発されることを通して，その生かし方もより創意あるものになり，生徒自身のその積極的な活用が促される。（中略）活用する教材の選択に際しては，生徒の興味を引くことのみに留意するのではなく，道徳科の目標や道徳科の特質を踏まえて<u>「この教材で何を考えさせるのか」という授業のねらいの観点から選択する</u>必要がある。

> 道徳科においても，主たる教材として教科用図書を使用しなければならないことは言うまでもないが，道徳教育の特性に鑑みれば，<u>多様な教材を併せて活用することが重要である。</u>（103ペ，下線は峯岸による）

つまり，「教科書をやるのはもちろんだけど，多様な教材を併用することが大切だ」というのです。実際，僕のところでは，「教科書の単元と入れ替えて，〈郷土に関するお話〉を入れなさい」などという指導が，すでになされています。

ただし，「〈授業のねらい〉はハッキリさせましょう」とされています。要するに，指導要領にある〈内容項目〉がきちんと押さえられるなら，教科書のお話と入れ替えて授業をすることができるとも考えられるのです。

そこで，本書では，プラン名の下に，学習指導要領にある〈内容項目〉の例を示してみました。教科書のお話と入れ替える際の参考にしてみてください（その他，教科書のこなし方として，中 一夫さんの「コラム①」（117ペ）もご参照ください）。

❖「評価」との付き合い方

もうひとつ心配なことに，通知表の「評価」があると思います。「どのように評価するのか」ということについて，学習指導要領からひろってみると，以下のようになります。

・数値による評価ではなく「記述式」。
・〈内容項目〉で一時間ごとに評価するのではなく，〈長期間での変容〉を評価。
・児童生徒の成長をみとり励ます，〈個人内評価〉（その子の伸びを評価する）。
・客観的に理解されなくても，教師と児童の間で，共感的に理解されるべき。
・児童理解の観点を固定的に考えず，児童のよさや個性を受け止め，多面的で幅広い視点で評価する。

最近の授業では，特に「1時間の中で，何を学んだのか」ということが大切にされることが多いので，道徳の授業でも〈内容項目〉についての深まりを評

価しなければならないのか、と思ってしまうかもしれませんが、学習指導要領を読む限り、そうは書かれていません。あくまでも、「長期的な変容」を、「子どもと教師の関係性の中で評価する」としています。

もし、僕が教科書（副読本）の授業しか知らない時であれば、「そんなの無理だ」と思って心配になっていたかもしれません。けれども、「道徳プラン」も使って授業している現在では、特に心配しなくても大丈夫そうだなと思えています。なぜなら、道徳プランで授業をしていると、〈ぜひ評価してあげたいこと〉が、たくさん出てくるからです。

子どもたちによる「道徳プランの授業を受けた時の感想文」は、僕ら授業者も驚いてしまうほど、深いものであったりすることがあります。「わたしも、こんなことがあったときは、こうしようと思った」「この人は、もっとこうすればよかったのにと思いました」「おうちの人にも教えてあげたいと思います」など、まるで自分のことのように、一生懸命考えてくれたことがわかる感想を書いてくれることは少なくありません。様々なプランの中で、それぞれの子どもが個性を発揮し、キラリと光る姿を見せてくれる——そして、普段の生活の中でも、そこで学んだことを生かす場面を見ることができます。そういう子どもたちのスバラシサを発見できたなら、そのことを伝えてあげたくなります。だから、通知表の評価については、そういう視点で文章にしてあげればよいと思うのです。

❖心配していることは…

道徳が教科化されるにあたり、僕が心配しているのは、教科書だけを手に、真面目に道徳の授業をしようと頑張ってしまうことです。授業がおもしろくなくても、先生たちが努力して教科書通りの授業を続け、それにのってこない子どもたちを、それこそ見た目通り、「道徳に対して関心がない子」「モラルを大切

にしない子」「礼儀，節度ある生活，善悪の判断などの欠如」などと評価してしまうのではないだろうか…，というのが僕の悪い予想です。こうなってしまうと，どちらにとっても不幸だと思うのですが，「教科として縛る」というのは，他の教科書授業の様子をみていても，そういう危険性をはらんでいると思うので，特に注意をしていかなければいけないと思っています。

❖道徳における教師の役割

　偉そうに分かったつもりになって書いていますが，僕は，偉い人間でもなければ，特別な人間でもありません。僕が「道徳の授業」においてフツーではなくなったことがあるとすれば，それは「たのしい道徳プランを持っている」という，ただ一点だけです。

　プランがあることで何が変わるのかといえば，教師の役割です。教師の役割は「道徳やモラルを教えること」ではなくなり，「生活にありがちな問題に対して，子どもと一緒に選択肢を出し合って考えていくこと」に変わっていくのです。「押しつける権威的な立場」から，「一緒に考えていく仲間という立場」に変わってしまうといっていいかもしれません。

　僕が道徳の授業で子どもたちに伝えたいことは，どんなプランでもあまり変わりません。それは，「困った問題に直面したときには，いろいろな選択肢を出し合い，そこから，その後の予想が明るくなるようなものを選んで，その結果をみていくことが大事だ」ということです。でも，そんなことはほとんど口にせず，1年間一緒にプランをたのしんでいるだけで，いつの間にか伝えることができている…。いま，そんな気がしています。

*

　では，次ページから，実際にどんなふうに「道徳プラン」を使って授業するのかを説明していきます。

授業プランを使った授業の進め方

(1) 授業プランの印刷

　授業プランに振られた頁数を目印に，1ページずつ印刷してください。原則，プランの中の〔問題〕や〔質問〕のあとは，答えがわからないようにページを変えます。1枚の紙に複数ページ印刷して，設問の答えが分かってしまわないように，十分ご注意ください。

　大きさは自由なので，適宜拡大してご使用ください。

(2) 授業の進め方

① プランを印刷したプリントを1枚ずつ配り，教師（もしくは子ども）が読んで進めていきます。

② 質問や問題になったら予想を立て，自分が選んだ選択肢に○をつけてもらいます。教師は黒板に選択肢を書き（ア，イ，ウなどの記号だけでよい），どこに予想したのか，順番に手を挙げてもらいます。黒板に人数を書き入れ，クラスのみんながどんな予想をしているのかわかるようにするといいでしょう。

③ どうしてその選択肢を選んだのか，理由を言いたい人がいたら，発表してもらいます。いなければ，プリントに戻り，あっさり進みます。次を読む前に，予想変更をしたい人がいたら，変更させてあげます。

④ プリントの続きを配り，読んでいきます。お話の中で，〔問題〕や〔質問〕の答えが書いてあるところまできたら，板書した選択肢のうち，答えに○をつけて，確認してあげるといいでしょう。また，〔問題〕や〔質問〕の答えが書かれたプリントを配る前に，口頭で答えを発表し，それからプリントを配るという方法もあります。

⑤ ②～④を繰り返し，プリントの最後まで進みます。授業の最後には，必ず感想を書いてもらってください。授業を受

けた子どもたちの感想を読んで、はじめて子どもたちの気持ち・評価がわかります。また、できれば子どもたちの書いてくれた感想を、クラスのみんなに読んで聞かせてあげられるといいでしょう。

　配り終わったプリントは、ホチキスでとめて製本し、家に持って帰ってもらいます（プランを読んだ保護者が感想をくれることもあります）。

(3) **感想の取り方**

　感想用紙はＡ５ぐらいのサイズがいいでしょう。サイズが小さい方が、子どもたちも感想を書きやすいみたいです。感想をたくさん書きたい子どもは、小さい字でたくさん書いてくれます。また、感想と合わせて、授業の評価を５段階でつけてもらうとよいでしょう。

　感想用紙は、お話の内容に合わせて、２種類用意されています（23, 24ペ）。基本的には、「たのしかった」かどうかで評価してもらいますが、感動的なお話の場合には、子どもから「〈たのしかった〉では評価しづらい」と言われることがあります。そういう反応が予想される場合には、「ためになった」かどうかで評価できる感想用紙をお使いください。

　感想は、全員が書けるまで待ちます。早く書けた子どもには、感想用紙の裏にでも、そのプランのイメージを絵にしてもらうといいかもしれません。授業の様子を紹介する〈授業通信〉に載せてあげると、とても喜んでもらえます（僕の作ったプラン中の挿し絵も、子どもたちが描いてくれたものです）。

　時間がなくて感想を読んであげられなかったときは、次の道徳の時間や〈授業通信〉で紹介してあげるといいでしょう。教室の後ろに貼りだしてあげてもいいかもしれません。道徳では、「へ～！、このお話で、みんなはこう思うんだ～」というのが特に大切です。この授業で、みんなどう考えたのか、それをお互いに知るだけで、道徳としての意味が出てくると思います。

感想用紙

　　　名前 _____

5　とてもたのしかった（とてもよく考えた）。
4　たのしかった（よく考えた）。
3　たのしかったとも，つまらなかったともいえない。
2　つまらなかった（あまり考えなかった）。
1　とてもつまらなかった（ぜんぜん考えなかった）。

感想用紙

　　　名前 _____

5　とてもためになった（覚えておきたいほど，聞いてよかった）。
4　ためになった（聞いてよかった）。
3　ためになったとも，ためにならなかったともいえない。
2　ためにならなかった（聞かなくてもよかった）。
1　全くためにならなかった（忘れたいほど，聞きたくなかった）。

道徳ぎらいの私でも…
幸せを感じられる道徳の時間

長 香里（おさ かおり） 三重・小学校

❖道徳プランに出会うまで

　私は今年で6年目になる小学校の教師です。2年目のときに，同じ学年を担任していた伊藤穂澄先生に〈仮説実験授業〉（以下，「仮説」）の存在を教えてもらいました。

　その当時，私は教師を辞めるかどうか悩み，毎日泣きながら教室に行くほど追いつめられていました。ですから，藁にも縋る思いで〈授業書〉を手に取ったのです。しかし，その時にはそこまで魅力に気づかず，毎日，とにかく必死で，楽しくなんて過ごせていませんでした。必死なまま2年間，とりあえず理科と社会の授業書をやって過ごしていました。

　そんな私が道徳プランをやるようになったのは，3年生を担任していた今から2年前。とてもヤンチャな学年だったのですが，「もうどうにでもなれ！」と開き直り，理科で仮説をし始めたころです。気持ちに余裕が出来たからか，子どもも私も毎日楽しく過ごせるようになり，どんどん仮説にはまっていきました。その流れで道徳プランもはじめたのです。また，その年の夏の仮説実験授業研究会・全国合宿大会で，たまたま道徳分科会に出て，そこで峯岸昌弘さんに出会い，たくさんプランを教えてもらったことも大きなきっかけでした。

❖「道徳」が苦手だった私

　ところで，私は道徳が苦手です。…というか嫌いです。なんだか正義の押しつけで，反抗したくなるのです。子どもの頃から漠然と嫌いでした。

国語が好きだった私は，先生の意図も含めてしっかり「読み取り」をし，「望ましい答え」を考えて言うような子どもでした。良い子の意見を言えば先生が喜ぶことも分かっていました。賢い（というか腹黒い）子どもだったのです（笑）。だけど，良い子の意見を言いながら，心の中では「そんなこと実際にはありえないわ」と冷めていました。

　そんな私には，後ろめたい思い出があって，今でも，その頃のことはハッキリ覚えています。

　田舎の小学生だった私は，1クラスに女子が6人しかいないのにもかかわらず，4年生〜6年生までいじめがある環境で過ごしていました。いじめられていたAちゃんとは，3年生まで家族ぐるみで仲良しでした。しかし，4年生になり，私がBちゃんと仲良くなると，Bちゃんが「Aちゃんってさあ…」と悪口を言い出しました。私はBちゃんに逆らえなかったわけでも，Aちゃんをすごく嫌いになったわけでもありませんでしたが，ちょっとしたいじわる心から，Aちゃんの悪口を言うようになってしまったのです。それがエスカレートし，女子みんながAちゃんを仲間外れにするようになりました。そして，悪口を言って，みんなでつるんでいると，なぜか楽しくなってきたのです。そして，Aちゃんをすごく嫌いになっていったのです。

　このいじめは，私の両親やAちゃんの両親も巻き込みながら，じわじわ広がり，6年生まで続きました。つまり私はいじめる側の人間でした。先生たちはその都度色んな声かけをしたり，対応をしたりしてくれていたのだと思います。が，私は全く納得できずに，いじめは続いていました。そのことに関しては，大人になった今でも，本当に心が痛みます。

　しかし，当時は先生がきれいごとを言えば言うほど，モヤモヤした気持ちは無くならないし，自分がイヤになるし，でもAちゃんを好きになれないし，いじめはエスカレートするし……とい

う悪循環の毎日でした。

＊

　そんなことも影響してか，教壇に立ってからも道徳の授業がきらいでした。何をどう教えたらいいのか分からなかったのです。きれいごとを言っても仕方がないことは，身をもって知っていました。心の底から納得できなければ，道徳は「自分とは関係のない良い話」の押しつけにしかならないと思うのです。

　そんな時に出会った〈道徳プラン〉は，「価値観の押しつけがない」ものでした。どんな風に答えても，それが受け入れられる。だから「自分だったらこうする」と，本音を言っても，否定されることはない。どんな考え方をしても，それが認められるからこそ，私はすすんで授業ができたし，子ども達も喜んでくれたんだと思います。

❖道徳の時間を
　心待ちにする子どもたち

　そうはいっても最初は，「自分の予想をたてて，理由を言い合うだけで大丈夫なのかな？　道徳といえるのかな？」という思いもありました。ただの，「お話当て」になっている気がしたのです。しかし，子ども達は「僕だったら…」と自分に置き換えて考えたり，「私も似たようなことがあって…」と，過去を振り返りながら話してくれたりしました。そんなふうに，自分と重ねながら考えることを，私は副読本を使った授業ではすることが出来ません。

　副読本の中のお話は，ゴールが見えていて，それ以外の道へ行こうとすると，非難される気がするのです。そして，ゴールが見えているお話なんて面白くないと思ってしまいます。小学生の頃の，賢く，腹黒い私が，先生の心中を忖度して，立派な答えを言っている姿が見えるのです。

　また，道徳プランは自分の経験や想像から答えを予想します。前の問題の答えを基にしなくても，予想が出来るのです。そうすると，普段なかなか意見を言

えない子も，発表したり，考えをまとめたりすることができます。「色んな考えを発表できる」から道徳を好きでいてくれる子もいます。

いつも，1時間ではプランが終わらない私のクラスは，チャイムが鳴ると「続きが気になる！」「早く次の道徳の時間にならないかなあ！」など，たくさんの子ども達が道徳の授業を心待ちにしてくれます。また，お話がスッと心の中に入ってきて，素直に「私は次からこういう風に友だちに接したいです」なんて感想を書いてくれる子もいます。無理やり先生の意図を盛り込んだ感想を書くのではなく，お話から自然と自分の考えを書いてくれるのです。

❖幸せを感じられる時間

私にとって，子ども達のいろんな考えや，経験談を聞くことができる道徳プランは，とっても楽しいものです。そして，何より子どもたちが授業を楽しんでくれている様子が嬉しいです。

明日の予定に「道徳」と書くと「ヤッター！」と喜んでくれる子どもたち。道徳プランは，子どもたちにとっても，楽しくて，ためになるものみたいです。そんな授業が私でも出来るのは，嬉しいことです。そして何よりも，子ども達にとって楽しい1時間が待っているということを，とても幸せに感じます。

A 主として自分自身に関すること

授業プラン
〈つれさられた記憶〉

□小学校低学年から
□関連する内容項目
▶ A「善悪の判断,自律,自由と責任」／「節度,節制」

原　文　**長嶋照代** 埼玉・小学校

プラン作成　**峯岸昌弘** 群馬・小学校

❖内容紹介

　小学校の先生である長嶋照代さんが,小学校1年生の時に実際に体験したお話「つれさられた記憶」を元に作成した授業プランです。

　このプランは,「自分で自分の身を守ること」についての知識が,子どもたちに納得してもらいながら自然と身につくので,「セーフティ教室」にもオススメです。また,警視庁が考案した「子どもたちを犯罪から守るための防犯標語〈いかのおすし〉*」の内容も,すべてこのプランで網羅できます。ただ標語を覚えることよりもずっと,子どもたちの心に残りやすいと感じています。。

　低学年の道徳として,とても高い評価をいただいているだけでなく,高学年まで十分学べるプランになっています。

　　*防犯標語〈いかのおすし〉……「いかない,のらない,おおきなこえをだす,すぐにげる,しらせる」のかしら文字をとったもの。

つれさられた記憶(きおく)

❖❖❖❖❖❖❖❖❖❖❖❖❖❖❖❖❖❖
2007.5.30

原文(げんぶん)　長嶋照代(ながしまてるよ)

プラン作成(さくせい)　峯岸昌弘(みねぎしまさひろ)

　今日(きょう)は，小学校で先生をしている長嶋照代(ながしまてるよ)さんが，よく子ども達(たち)に語(かた)っているという思(おも)い出(で)話(ばなし)を紹介(しょうかい)します。このお話(はなし)は，長嶋(ながしま)さんが小学校1年生のときに，本当(ほんとう)に体験(たいけん)した出来事(できごと)だそうです。

　もし，自分(じぶん)にこんな事(こと)が起(お)こったらどうするか，考(かんが)えながら読んでみてください。

　そして，「自分(じぶん)で自分(じぶん)の身(み)を守(まも)るということ」について，考(かんが)えてほしいと思(おも)います。

つれさられた記憶

長嶋照代

　わたしは小学生の時とてもおとなしくて，言いたいことを人に伝えるのがヘタだったの。それでよく困っていました。

　小学校1年生の時でした。お家が見えるところまで帰ってきたとき，車の中の人に声をかけられたの。

「お家の人が呼んでいるから，連れていってあげるよ。車に乗って」

　よく見ると，近所の社宅（アパート）に住んでいる夫婦でした。

「急いで！　お母さんが待っているよ。おかしもあげるよ」

〔しつもん〕　お家の人に何かあったのかもしれません。もし，こう言われたら，あなたはどうしますか？

　ア．知っている人だし，急ぎだから車に乗る。
　イ．家が近かったので，家まで走る。
　ウ．家じゃない方に走って逃げる。
　エ．大きな声を出して，助けを呼ぶ。
　オ．その他（　　　　　　　　　　　　　　）。

　……あれ？　この夫婦，なにか変なところがありますか？
　もし，気がついたことがあったら，考えを出し合ってみましょう。

　さて，このあと，1年生の長嶋さんは，どうしたと思いますか？
自分と比べながら，続きを読んでみましょう。

それが「大変！　乗らなくちゃ」と思ってしまったの。近所の人で，2，3回あいさつしたことがあったから，知らない人じゃないと考えたのね。おかしを見せられて，食べたくなっちゃったのかもしれません。

　運転席に男の人，後ろの席に女の人とわたしが乗りました。車はわたしの家を通りすぎて，どんどん走っていきます。家から離れれば離れるほど，心臓がドキドキしてきました。

　おかしを渡されたけど，ちっとも食べたくありません。必死で外の景色を見ていました。車の外はわたしの知らない景色に変わっていました。

「おかしたべないの？」
「もうすぐ着くからね。」

女の人が話しかけてくれるけど，ひとことも答えられません。
男の人はだまっています。

ドキドキ，ドキドキ…

車が止まりました。

◇◇◇

〔もんだい１〕　長嶋さんを乗せた車は，どこに着いたのでしょう？

ア．ぐるっと隣町をまわり，自分の家に着いた。
イ．病院に着いた（お母さんがケガをしていた）。
ウ．知らない人の家に着いた。
エ．だれもいない川原に着いた。
オ．その他（　　　　　　　　　　　　　　　）。

「おりて」

女の人がきびしい声でいいました。

そこは川原でした。お家の人どころか，だれもいません。まわりに家もありません。大きな川と石が広がっているだけです。

(もんだい1のこたえはエ)

ドキドキ，ドキドキ，ドキドキ…

車をおりると，夫婦が言いました。

「うちの子にならない？」

ドックン，ドックン…

わたしの後ろには川が流れています。目の前には二人がこわい顔をして立っています。

◇◇

〔もんだい2〕 この時，長嶋さんはどうしたと思いますか？

ア．こわくて，悲しくて，大泣きした。
イ．イヤだけど，こわいので「うん」と言った。
ウ．「イヤです。お家へ帰して」と言った。
エ．こたえられないで，石みたいにだまっていた。
オ．その他（　　　　　　　　　　　　　）。

「イヤ！」といったら，川に入れられてしまいそうでこわい。
でも，「うん」と言ったら，もうお家の人に会えないんだと思って，悲しくなったの。こわくて悲しくて，

うわ～ん!!

大きな声で泣いちゃった。こわくてずっと声が出せなかったのに，自分でもビックリするくらい大きな声で泣いちゃったの。

（もんだい２のこたえはア）

〔もんだい３〕 この後，どうなったと思いますか？

- ア．女の人が口をふさいできた。
- イ．夫婦の態度が急に変わった。
- ウ．別の人が遠くから見ていて，駆けつけてくれた。
- エ．別の人が遠くから見ていて，警察に電話してくれた。
- オ．その他（　　　　　　　　　　　）。

そしたら、夫婦はハッとわれに返ったように、こわい顔からふつうの顔にもどったの。二人で何かコソコソ話してるけど、わたしはおかまいなし。涙が止まらなくて「うわ～ん」と泣き続けました。夫婦は急いでわたしを車に押し込むと、
「お家におくってあげるから、泣かないで」といいました。

（もんだい３のこたえはイ）

*

お家のそばまで来たとき、女の人がいいました。
「このことは絶対、お家の人に言ってはいけないよ。見張っているからね」

　わたしはとにかくお家に帰してほしくて、素直にうなずいてしまいました。やっと車から下ろされ、お家へ帰ることができました。

◇◇

〔もんだい４〕「お家の人には言わない」と約束した長嶋さん。お家に帰って、どうしたでしょう？

ア．このことを、すぐにお家の人に話した。
イ．お家の人に話さずに、学校の先生に話した。
ウ．お家の人に話さずに、警察の人に話した。
エ．だれにも話さなかった。
オ．その他（　　　　　　　　　　　　　　　　）。

ちなみに、自分だったらどうしますか？

ところが，わたしは話さなかったの。見張られていると思ったし，何よりお家の人の言いつけをやぶって，知らない（ちょっと知ってる）人の車に乗ったって話したら，ものすごく怒られると思ったのね。
「今までお家の人に会えるなんて当たり前だと思っていたけど，そうじゃないんだ。さっきまで，二度と会えないかもしれなかったんだ」と思ったら，ぶるぶるふるえて具合が悪くなってしまいました。
　　　　　　　　　　　　　　　　　　（もんだい4のこたえはエ）

　しばらくすると，その夫婦は引っ越していきました。夫婦には子どもがいなくて，ずっとほしがっていたのだそうです。すると，小学校1年生だったわたしは，ホッとして，すっかりこのことを忘れてしまいました。
　不思議なんだけど，こわすぎて覚えていられなかったのかな，と思います。でも，体は覚えていて，それ以来，車の後ろの席に座ると気持ちが悪くなったの。ずっと「何でだろう？」って思っていたけど，この"つれさられた記憶"のせいだったようです。

*

　大人になって，誘拐事件のニュースを聞いていたある日，ふと小学校1年生の記憶がよみがえってきました。それで母に「わたしも，こんなことがあったよ」と話したら，

「なんでその時，話さないの！！！」

と，ものすごくしかられました。当たり前です…。自分のことを一番大切に思ってくれている家族に話さないなんて，とんでもないことだったのです。

- 7 -

でも話せたことで，車酔いは治りました。今では運転もしていますよ。
(おしまい)

＊ ＊ ＊

長嶋さんは，この「つれさられた記憶」のお話をするときに，次のようなことを子ども達に伝えるそうです。

「自分の身は自分で守れるカシコイ人になろう」

大切なのは，「人を疑うこと」ではなく，「こんなとき，自分がどうすればよいかを知っていること」です。それを知っていて，守ることができれば，こわがることはないのです。

長嶋さんが体験したみたいな，こわい思いをしないためには，自分がどんなことに気をつければいいと思いますか？
みんなで考えを出し合ってみましょう。

次に，今日のまとめとして，「自分の身を自分で守るための方法」を読んでみましょう。

☆自分の身は自分で守れるカシコイ人になるために☆

① 親の許しなしに，人の車に乗らない。

　たとえ知り合いの人であっても乗ってはいけません。もし誘われたとしても，「お母さんにいいって言われてないと，人の車には乗っちゃいけないの。お母さんから頼まれたって言われても，ダメなの」と言うなどして，断りましょう。

② もし捕まったり，捕まりそうになったりしたら，大声を出す。

　大きな声というのは，相手がひるみます。すきができるのです。「助けて～！」と叫んで，相手が驚いたすきに，逃げることだってできます。長嶋さんのお話でも，大きな声で泣いたことによって，相手の態度が変わりましたね。とっても大切なことなので覚えておきましょう。

③ 何かあったら，大人に知らせる。

　長嶋さんも，「自分のことを一番大切に思ってくれている家族に話さないなんて，とんでもないことだったのです」と，反省していましたね。もし，自分が助かったとしても，つれさろうとした人が「悪いことをしたなぁ」と思わない限り，また別の事件が起こるかもしれません。次には，自分の大事なお友達がねらわれてしまうことだってあるのです。必ずお家の人か，学校の先生，警察の人などに連絡して，安心して生活できるようにしましょう。

　　　　最後に，このお話を読んだ感想を教えてください。

〈つれさられた記憶〉
—解説—

峯岸昌弘　群馬・小学校

❖**プラン作成の経緯とねらい**

先日,「学校に不審者が侵入した」という想定の避難訓練をしました。こういうことは, 仮にでもやっておかないと, いざというときに混乱して動けなくなってしまうので, とっても大事なことです。

避難が終了した後, 警察の方から講話がありました。「不審者がいるのは,〈入りやすく〉て〈見えにくい〉ところです。誰が入っても怪しまれない〈公園〉の, しげみの影などには注意してください」というお話には, ビックリしました。〈公園〉を疑ったら, どこで遊べばいいのでしょう。また,「不審者は, アヤシイ格好をしているとは限りません。知らないおじさんとも限りません。〈知っている人だよ, 覚えてる?〉と近づいてきたり, 見た目は普通の, 女の人の場合だってあります」という話もしてくれました。

でも僕はこの「不審者」という言葉がしっくりきません。「不審者に気をつけて帰りましょう」という言葉もよく耳にしますが, 疑おうと思ったら, どんな人だって怪しく思えてしまいます。言ってしまえば, 知っている人だからといっても, 安心はできないのです（実際, この〈つれさられた記憶〉のお話でもそうですし, 何年か前に,「塾の送り迎えを手伝ってあげるよ」と言って, 友達のお母さんが別のうちの子を殺してしまった事件だってありました）。

だからといって, 何でもかんでも疑っていたら, 安心して生

活なんてできませんし、ちょっと変わっている人だったりするだけで不審者呼ばわりされてしまうことが起こったら、人権侵害のような気もします。お互いが牽制し合って、人間関係が希薄になってしまったら、それこそ、犯罪者を生み出しやすい環境を助長していることにもなりかねません。だから、「不審者に気をつける」などという言葉で「人を疑う」ことよりも、「自分の身を守る方法」を知識として教えるべきだ、と僕は思っているのです。

　そう考えて、この授業プランを作りました。このプランは、実話を元に構成されているのですが、実際に体験した話というのは、子どもたちに架空のお話を紹介したり、ロールプレイングをやらせたりするより、はるかに考えさせ、心に何かを残し、いざというときに思い出すものではないかと思います。また、子どもたちを犯罪から守るための防犯標語としては「いかのおすし」が有名ですが、このプラ

ンにも「いかない、のらない、おおきなこえをだす、すぐにげる、しらせる」の内容は全部入っていて、しっかりとした「対処法」が学べるようになっていると思います。

❖実施報告
□授業者：峯岸昌弘
□対象：小学2年生（2組36名）
　簡単な授業記録と、学年での評価、感想を紹介したいと思います。
〔しつもん〕…もし、こう言われたら、あなたはどうしますか？
　ア．知っている人だから、車に乗る。(0)
　イ．家が近かったので、家まで走る。(18)
　ウ．家じゃない方に走ってにげる。(2)
　エ．大きな声を出して、助けを呼ぶ。(12)
　オ．その他。(4)
⇒「家で何かあったの？」と聞く／「どなたですか？」と聞く／「警察に言うよ」という／「泥棒だ〜」と叫ぶ。

〔しつもんの続き〕この夫婦,何か変なところがありますか?
　この発問には,「家が近いはずなのにおかしい!」とか,「おかしもあげるよ?が怪しい」とか,子ども達自身で怪しいところに気づくことができました。

〔もんだい1〕長嶋さんを乗せた車は,どこに着いたでしょう?
　ア．ぐるっと隣町をまわり,自分の家に着いた。(0)
　イ．病院に着いた。(9)
　ウ．知らない人の家に着いた。(16)
　エ．だれもいない川原に着いた。(10)
　オ．その他。(1)
　⇒ 悪者のアジトに着いた。

〔もんだい2〕この時,長嶋さんはどうしたと思いますか?
　ア．こわくて,悲しくて,大泣きした。(6)
　イ．イヤだけど,こわいので「うん」と言った。(3)
　ウ．「イヤです。お家へ帰して」と言った。(16)
　エ．こたえられないで,石みたいにだまっていた。(8)
　オ．その他。(3)
　⇒「なりません!」と言った／「なんで?」って聞いた／逃げられないので勝負した。

〔もんだい3〕この後,どうなったと思いますか?
　ア．女の人が口をふさいできた。(9)
　イ．夫婦の態度が急に変わった。(10)
　ウ．別の人が遠くから見ていて,駆けつけてくれた。(1)
　エ．別の人が遠くから見ていて,警察に電話してくれた。(14)
　オ．その他。(2)
　⇒別のところにつれていかれた／子ども携帯を使った。

〔もんだい4〕お家に帰って,長嶋さんはどうしたでしょう?自分だったらどうしますか?
＊(　)内の数字は,(長嶋さんの場合／自分の場合)の順。
　ア．このことを,すぐにお家の人に話した。(9／11)

イ．お家の人に話さずに，学校の先生に話した。（5／7）
ウ．お家の人に話さずに，警察の人に話した。（19／8）
エ．だれにも話さなかった。（3／1）
オ．その他。（0／9）
⇒ みんなに言う。

　お話を読みながらの問題でしたが，自然と「自分だったら…」と考え，ちょっと緊張しながらの授業になっていたように思います。いろいろな意見が出ましたが，子どもたちは，どうすればいいのかをよく考えられていたように感じました。

❖子どもたちの評価と感想

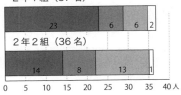

「すごく高い評価」とも言えませんが，話が話だけに「たのしかった」とはつけにくかったかもしれません。このプランは，「ためになったかどうか」という聞き方をした方がいいと思います。

　以下，子どもたちの感想です（原文のかなは読みやすさのため漢字に直しました）。

▷あともう少しでさらわれて，さらわれた人の家族になりそうで，こわかった。
▷大変なことは，家族やおばあちゃんに言う。
▷私も，こういう時があったら，いま聞いたことをやってみます。とてもためになりました。よかったです。
▷家に帰れないかもしれないと思ったのが，こわかったです。
▷パニックになっているときに，大声を出せてよかったです。
▷とてもためになりました。気持ちを言うことが，よかった。
▷お菓子くれても，ついていきません。
▷もし自分がこんなことになったら，こわいけど，このとお

りやってみる。
▷僕だったら，絶対にしません。お菓子あげるよっていっても，絶対もらいません。毒が入ってるかもしれないから。
▷自分もなったら，大声を出しますけど，言えないこともあるから，だめだとおもった。だから，ちゃんと言おうと思う。
▷女の子がつれさられて，かわいそうだった。先生に，ほんとうにあった話だときいて，びっくりした。
▷こわかった。ニュースみたいでびっくりでした。ほんとうの話は，こわいです。
▷長嶋さんが，知らない車につれていかれて，とてもすごくかわいそうでした。僕もこれから，つれさられないようにがんばります。
▷お家の人に知らせることがわかった。
▷この女の人の車みたいのには，乗っちゃだめ。私は，お家の人に，車の近くには寄らないでって言われています。

　実際に起こった話となると，自分にも起こる可能性がみえてきて，怖いんでしょうね。どちらのクラスも「とても怖かった」という感想が多かったです。
　でも，どうすればこういう怖い目に遭わないのか，知識としてどうすればいいかを知っていれば，大丈夫です。いつどこで起こったとしても，対処の仕方はそんなに変わりません。感想の中にも，それが表れていて，よかったと思っています。
　それがわからないと，周りの大人がみんな怖い人に思えてしまうかもしれません。僕は，それが一番危険なことなのではないかと考えているのです。子どもだけでは危ないからといって，みんなが外で遊ばなくなったら…，外に人の目が少なくなってしまったら…。そうなったときに，余計に犯罪は起こりやすくなってしまうのですから。

授業プラン
〈モンジ〉
□小学校低学年から
□関連する内容項目
▶ A「善悪の判断，自律，自由と責任」「正直，誠実」

プラン作成 峯岸昌弘 <small>群馬・小学校</small>

❖内容紹介

　"モンジ"とよばれる学校近くの駄菓子屋。その駄菓子屋で起こった，ある出来事をきっかけに，少年は大好きだった"モンジ"に行けなくなってしまいます。

　子ども時代にありがちな，偏った正義感から起きた事件をテーマに，主人公の失敗や，その後に感じる「やましい気持ち」を追体験できるお話です。プランのままバッドエンドで終わらせて，読者に「やましい気持ち」を強く印象づける授業にしてもよいし，感想を書いてもらった後に「その後のお話」（60ペ解説参照）を読み聞かせて，気持ちをスッキリさせて終わらせるのもよいと思います。

　少年の行動を予想し，自分だったらどうするか，自然に考えられると評判の授業プラン。小学校低学年から大人まで，広くたのしめます。

モンジ

❖❖❖❖❖❖❖❖❖❖❖
2007.4.21

プラン作成　峯岸昌弘

　今日は、ある小学校の先生が書いた思い出話を読んでみましょう。大人になっても、強く心に残っている思い出だそうです。その時のことを思い出すと、今でも胸がチクチクして、苦しくなるといいます。もし、自分にもそんなことが起こったらどうするか、考えながら読んでみてください。

＊＊＊

　これは、僕が小学校2年生のときのお話です。
　僕の小学校の前には、小さな駄菓子屋（お菓子を売っているお店）がありました。名前は「モンジ」。みんなにそう呼ばれていました（もんじゃ焼きが食べられるお店だったからだと思う）。薄暗〜いお店の中には、1個10円ぐらいの安いお菓子が、ところ狭しと置いてありました。店番には、太ったおばちゃんが一人いるだけ。おばちゃんは、お店の2階にひとりで住んでいると、僕の友達は言って

いました。

　学校から帰ると，みんなでお小遣いを持って，そこに遊びに行きます。僕は，「モンジ」が大好きでした。お菓子以外にも，メンコやカード，ベーゴマやヨーヨー，ほこりをかぶった安いプラモデルや，水風船，水鉄砲など，楽しいおもちゃもたくさん売っていたのです。

*

　ある日の夕方，僕はひとりで「モンジ」に行きました。夕飯まで，まだ時間があったので，小さいお菓子をひとつ買おうと，出かけたのでした。「モンジ」に着くと，夕方で遅い時間ということもあり，中には他に子どももなく，おばちゃんが一人で，退屈そうにしていました。

　どのお菓子にしようかと，お店の中をウロウロしていると，僕はお菓子ではなく，ある「おもちゃ」に目がとまりました。それは，大好きなアニメのキャラクターのマグネットでした（聖闘士星矢という，むか〜し流行ったアニメのキャラクターのマグネット。「クロス」という鎧みたいなものがマグネットになっていて，貼ったりはがしたりして遊べるおもちゃ）。

こんなかんじの おもちゃ でした。

クロスというよろいが
つけたり はずしたり
できる マグネットに
なっている

- 2 -

僕はそれがとても気に入りました。欲しいなぁ，と思ったのですが，値段が付いていないので，いくらだかわかりません。僕はおばちゃんに聞きました。

僕「おばちゃん，この聖闘士星矢のマグネット，いくら？」
おばちゃん「ああ。そのマグネットは，そこにあるカードを買って，中にあるクジが当たった時にだけもらえる景品だよ」

　よく見てみると，近くに「聖闘士星矢カード」という，1枚50円のカードが売っていました。そのカードは1枚ずつ小さな紙の袋に入っていました。そして，その袋の中に「当たり」と書いてある紙が一緒に入っていたら，そのマグネットのおもちゃが景品としてもらえるのです。

　「そんなの，なかなか当たらないよ〜！」って，ふつうだったらそう思いますよね。……でも，その時は違ったんです！　箱の中のカードは，たったの8枚なんです。8枚ということは…。

　計算が大嫌いな僕も，このときばかりは頭の中で一生懸命計算しました。景品がまだあるということは，この8枚のカードの中のどれかに，当たりが入っているはずです。何枚か買って当たりがでなくても，全部買うことができたら，絶対に当たるのです。

　……え〜っと，………… 400円‼

　400円あれば，カードはもちろん，このマグネットがきっと僕のものになる！　僕はうれしくなりました。

さっそく、お財布の中をのぞいてみると、150円しか入っていませんでした（!!）。家に帰っても、お小遣いの貯金なんてありません。僕の1週間のお小遣いは、たったの100円です。

　お母さんに前借りすることができるかな…？　きっと「ダメ」って言われるだろう。もし、前借りできたとしても、来月までお小遣いがナシということになってしまう。どうしよう。もし家にお金を借りに行くとしたらすぐじゃなきゃダメだ。お金持ちの別の子どもが来たら、すぐに買われてしまうに違いない…。それとも…。

　とにかく、一刻を争うこの事態に、なんとかして、そのマグネットを手に入れる方法を、いろいろ考えました。

◇◇

〔問題1〕　結局そのあと、僕はどうしたと思いますか？

ア．とりあえず、150円分だけ買ってみた。
イ．買うひまも惜しんで急いで家に帰り、母に頼んだ（ちなみに「モンジ」から家まで、片道歩いて5分くらい）。
ウ．どれに当たりが入っているのか、一枚一枚すかしてみた。
エ．おばちゃんの見ていないうちに、マグネットを盗んだ。
オ．その他（　　　　　　　　　　　　　　）。

僕は，運を天に任せ，150円分，つまり，3枚のカードを買いました。「たのむ‼　当たってくれ‼　神様〜‼」
　結果は……。残念。3枚ともハズレ。残る5枚に，きっと当たりがある。なんてことだ！　僕は，後から来るかもしれないお金持ちのお手伝いをしてしまった‼　　　　　　　　　（問題1の答えはア）

僕「おばちゃん！　ここに当たりの景品があるのに，クジがこれしかないよ！　この中に，当たりが入ってる？」
おばちゃん「ああ，この中に当たりがあるね。たぶん」

　それだけ確認すると，僕は家にむかって全力疾走しました。残りの5枚，何としても買い占めて，あのマグネットで遊びたい！　それはもう，ものすごい速さで，きっとこの走りを運動会で出したら，1等賞間違いなしだと思うくらいの速さで家に帰りました。

　家に帰ると，ぜーぜーしながら叫びました。
「おかぁさーーーーん‼」
………し〜ん………返事が返ってきません。
　半分泣いたような声で何度呼んでも，誰も答えません。なんと，母はこのとき出かけていて，家にいなかったのです。

◇◇

〔問題2〕　この後，僕はどうしたでしょう？
　ア．お母さんが帰ってくるまで待っていた。
　イ．お母さんを探しに行った。
　ウ．お父さんの貯金箱からお金をとった。
　エ．あきらめた。
　オ．その他（　　　　　　　　　　　　）。

僕は走って寝室に行き、父がガラスビンにためていた5円の貯金をひっくり返し、ザザーっと音をたてて山積みになった5円を!!つかんではポケットに、つかんではポケットに入れました。
　そして、息つく暇もなく家を飛び出すと、「モンジ」に向かってまた全力で走りました。重たくなったポケットは激しく揺れ、ズボンが脱げそうになるのを押さえながら、それはそれは、必死に走り続けました。
（問題2の答えはウ）

　このお金を持ち出したことは、後で絶対に叱られます。前に一度、「このお金をちょうだい！」とお願いしたときに、「大事なものだから、絶対にあげない」と父に言われていたからです。でも、後で叱られて、おこづかいがナシになっても、もうしかたがないという覚悟がありました。それほど、僕は、あのマグネットが欲しくなってしまっていました。

　モンジに着くと、おばちゃんが一人、店番をしていました。他に子どもの姿はありません。奥に、クジの箱が見えました。心臓がバクバク、バクバク、鳴りました。
「クジは……残って…いるのか？」
　おそる、おそる、箱の中を覗いて見ると………！

　そこには5枚、さっきのままのクジが残されていたのです。どうやら、僕が家にお金を取りに行っている間、誰も「モンジ」に来ていなかったようです。僕は心の中で叫びました！
「やったーーーー!!」
　さっそく、ポケットから5円玉を取り出し、おばちゃんに払いま

した。そして，こう言ったのです。

「このカードを全部ください!!」

ついに全部買い占めることに成功した僕は，その場でひとつひとつ，カードを開けていきました。「当たりはどれだろう…?」気持ちは落ち着きません。

クジを買い占めたものの，当たりが出るまで安心はできませんでした。早く当たりを出して，このマグネットを，自分のものにしたかったのです。

……しかし！

全部開けたのに，当たりクジらしいのが見あたりませんでした。カードの裏に「当たり」って書いてあるのか??と，すべてのカードを見てみましたが，どれにも書いてありません。袋かな?と思い，すべての袋を見直しました。でも…，書いてないんです。

僕「おばちゃん!! 全部買ったのに，当たりが入ってないよ!!」

僕はちょっと怒りのこもったような声で言いました。すると，おばちゃんは，こう答えたのです。

おばちゃん「じゃあ，君の前にカード買った人が，当たりに気づかないまま，おうちへ帰っちゃったんだ」
僕「ええ!? そんな……。じゃあ，このマグネットは??」
おばちゃん「その子がおうちで当たりクジに気がついたら，取りに来るかもね。だから，そのままにしておいて」

何だってーーー!? 僕はフツフツと怒りがこみ上げてきて,でもそれ以上に悔しくて,泣きそうになりました。でも僕は,その涙をグッとこらえて考えました。

確かに,おばちゃんは,買う前に「この中に当たりがある」と言った。だから僕は,走って家に帰って,お父さんの貯金を持ってきたんだ! 叱られるのを覚悟してまで! うそつきで悪いのは,絶対におばちゃんだ!

◇◇

〔問題3〕 その後,僕はどうしたでしょう?

ア.おばちゃんに文句を言った。
イ.お母さんに言いつけて,お母さんからおばちゃんに文句を言ってもらった。
ウ.おばちゃんが見ていないすきに,マグネットを盗んだ。
エ.「当たり」の子が来るまで待っていた。
オ.その他(　　　　　　　　　　　)。

僕は、うそつきのおばちゃんが許せなかった。だから、とってやったんだ。このマグネットは僕のもんだ！

　おばちゃんが、後ろを向いているスキに、僕は景品のマグネットを手に取ると、「モンジ」から逃げ出しました。心の中で同じ言葉を呪文のように唱えながら逃げました。「おばちゃんが悪いんだ！あいつはうそつきだ！僕は悪くない！これは僕のもんだ…」

　家に着くまで、後ろからおばちゃんが追いかけてきている感じがして、怖くて後ろを振り向けませんでした。家に帰ると、ただいまも言わないで自分のベッドがある二階へ駆け上がり、部屋のはじっこでぶるぶると震えました。　　　　　　　　（問題3の答えはウ）

　その夜、父親にこっぴどく叱られました。勝手に5円の貯金を使ったことがバレたからです。いったい何に使ったのか、かなり問いつめられましたが、僕は本当のことを言いませんでした。怖くて言えなかったのです。お菓子を買って食べてしまったことにして、謝りました。黙ってお金を使ったことは、心から申し訳ないことをしたと思いました。でも、マグネットをとってきたことは反省しませんでした。あれは絶対におばちゃんが悪い！

　ひどい目にあってまで手に入れたマグネットなので、遊ばなきゃ損だと思い、何度もそれで遊ぼうとしました。……でも、あれほど欲しかったマグネットで遊ぶことに、どうしても気が乗らないのです。それどころか、そのマグネットを見るたびに、僕の胸はチクチクして、苦しくなるのです。

　どうして、胸がチクチクして苦しくなるのか。父親にお金のこと

で叱られたことを思い出すからではありません。それよりもっと別の理由で、胸が苦しくて苦しくて、辛くなるのです。

◇◇◇

〔問題４〕 マグネットを盗んだ僕に、その後、何があったでしょう？

ア．おばちゃんが家に来て、父親にばれ、かなり叱られた。
イ．おばちゃんが学校に電話し、大問題になった（そして、僕だということがバレて、先生に叱られた）。
ウ．自分で「モンジ」に謝りに行き、マグネットを返した。
エ．何もなかった。
オ．その他（　　　　　　　　　　）。

それでも，僕は，謝りに行きませんでした。あれはおばちゃんが絶対に悪い。でも，僕は，そのマグネットで遊ぶことができなくなりました。僕はそれを，おもちゃ箱にしまいこんでしまいました。そして，そのおもちゃ箱を見ることさえ，イヤになったのです。

　その後，おばちゃんが家に叱りに来るわけでもなく，父親にばれることもなく，そのことに関して，何か起こるということは全くありませんでした。　　　　　　　　　　　（問題4の答えはエ）

　でも，ひとつだけ変わったことがあります。それまで毎日，大好きで通っていた「モンジ」に，僕は，その日からパッタリ，行かなくなったのです。その日から，一度も。今まで，一度もです。

　はじめは，おばちゃんが覚えていたらどうしよう，というおびえもありました。でも，今は，それはありません。でも，僕は，もう「モンジ」に行けません。それは，今でも，その時のことを思い出して，胸がチクチク，苦しくなるからです。

（おわり）

* * *

　最後に，このお話を読んで（聞いて），考えたことや感想などを，教えてくれたらうれしいです。

〈モンジ〉の授業を受けてくれたクラスのみなさんへ

「モンジ」のお話に出ていた子,峯岸です。一生懸命考えて,授業に取り組んでくれて,ありがとうございました。「たのしかった」と言ってくれる子もいるでしょうし,「モヤモヤした気持ちになった」という声も聞こえてきそうです。

そんなみなさんに,「おまけ」のお話をしようと思います。たくさんの子どもたちが,この授業を受けてくれて,いろいろなことを質問してくれました。それに答えるお手紙です。

ある子は,「モンジにいかなくなって,それからは,おやつをどうしたのか,ふしぎです」という感想を書いてくれました。まずこれにお答えしますと,「モンジ」と道路を挟んだ向かい側に,「ムカイダ」という駄菓子屋があったのです(昔はコンビニなどがなかったので,学校の前にたくさんの駄菓子屋がありました)。だから,僕が駄菓子屋に行くときには,「モンジ」をさけて,「ムカイダ」に通っていました。友だちがみんなで「モンジ」に流れていっても,僕はずっと「ムカイダ」にいて,出てきた友だちと合流して,「モンジ」には入らずに過ごしていたのでした。

さて,最もよく聞かれることに,「モンジのお店は今でもありますか?」「峯岸さんは,あのマグネットを今でも持っていますか?」という質問があります。きっと,みなさんも,そんな疑問を持ったのではないかなぁ,と思って,そのお話もしたいと思います。

もしかすると,これを書いている僕のことを「若いお兄さん」だと思っているかもしれませんが,僕は最近,ついに40歳になりま

-①-

した(笑)。僕の息子は小学校5年生，娘は小学校1年生なんですよ。それで，数年前に，クラスの子どもたちに話して聞かせるように，自分の子どもたちにも「モンジ」のお話をしたのです。そうしたら，息子に「お父さん，それ，今からでもいいから，謝りに行った方がいいよ」と言われました。

　そこで，もう実家を離れて20年になりますが，夏休みに「モンジ」に行ってみたのです。そうしたら，昔のままの駄菓子屋として，まだお店をやっていたんですよ！（…ちなみに，ムカイダはもうお店をやっていませんでした）。そして，あの時のおばさんは，もうおばあさんになっていましたが，当時とおんなじように，お店にいらしたのです。これには驚いてしまいました。

　さて，僕のことや，その時の事件のことを，おばあさんは覚えていたでしょうか？

　お話をしてみると，なんと，僕のことを覚えていてくれました。家が近所でしたからね。でも，「モンジ」のお話に出てきたような，マグネットをとってしまったことは，「ぜんぜん覚えていない」とのことでした。考えてみたら，30年以上前のことです。僕は，事情を説明して，「ごめんなさい」を伝えることができました。おばあさんは恐縮した感じでしたが，許してくださいましたよ。

　僕は，大人になってもこの授業をする度に，胸がチクチクしていましたが，この日以来，それがなくなりました。そして，「この授業をやっていて，よかったな」と思いました。この授業をやってくださる先生や，授業を受けて感想をくれるみなさんにも，「ありがとう」を伝えたいです。本当に，ありがとうございました。

ところで,「あのマグネットを今でも持っていますか？」という質問ですが, もうどこにしまったのか忘れてしまって, どこかにいってしまいました（笑）。もしかしたら, 実家の物置に眠っているのかもしれませんし, もうなくなってしまったのかもしれません。けれど, 僕の心の中には, ずーっと残っていて, 今でも触った感覚を思い出せます。みんなは, 僕みたいな失敗をして, イヤな思いをしないようにしてくださいね（…しないか・笑）。

2017.6.14　峯岸昌弘

〈モンジ〉
—解説—

峯岸昌弘　群馬・小学校

❖実施にあたって

このプランは,「人のものを盗る」とか,「嘘をつく」とか,自分の心に負け,いけないと分かっていることをしてしまうと,どんな気持ちになるのか——その「やましさ」をテーマにしたものです。僕の実際の体験をもとにしているので,そのリアリティが臨場感を生み,教師が特に説明を加えずとも,子どもたちはこの世界に入っていきます。そして,自分だったらこうするだろうな…と,自然と考えてくれるのが特徴です。

以前,中 一夫さん(東京・中学校)からは,このプランについて,次のようなコメントをいただいたことがあります。

> 僕はあのプランはすばらしいと思ってるよ。子どもたちは「自分がそういう立場になったら?」って,自分のことのように考えてる。だから,すばらしいんだよね。そんなふうに「自分ならどうする?」って考えられる教材なんて,ほとんどないんだよ。一つのプランでそういう善悪まですべて教えるのは不可能。だけど,そういうことを考える一つ一つの積み重ねが,けっきょく道徳観とかを作っていくのだと思うのね。一つにあまりに多くのことを求めると,ぜったいうまくいかなくなると思うよ。それより,「この先生の道徳はたのしい!」とか思ってもらえる状況ができることの方が,ずっと話を聞いてもらえたり,善悪を伝えられたりするようになるものだと思ってる。

中さんも言うように,僕もこのプランだけで「やましさ」について教えることなんてできないと思っています。けれど,こ

のようなプランなら，子どもにイヤがられないで話をすることはできると思います。お話の内容そのものは道徳的にイイ話とは言えませんし，新しい発見で目の前がパァっと開けてくるというものでもありませんが，道徳観を形作っていく積み重ねを大切にしていけるという意味で，このようなプランがあってもよいと思うのです。

❖小学校低学年の反応は？

小学校低学年の反応を，僕（小２・群馬）と佐藤友美さん（小２・大阪）のクラスの評価と感想から見ていきたいと思います。

下の棒グラフは子どもたちに授業の「たのしさ度」を５段階で評価してもらったもので，円グラフは子どもたちの感想の内容を大まかに分類したものです。

＊なお，これから感想の内容を系統別に紹介していきますが，▶は峯岸クラス，▷は佐藤クラスの子どもの感想です。また，僕のクラスの子どもたちには，この物語の主人公が僕（＝峯岸）であることを，授業の最後に伝えてあります。

（１）万引きはいけない／主人公は悪い（35％）

▶先生はどろぼうだ。先生はなんで盗んだの。（瀧谷君④）

▶気持ちはわかるけど，盗むのは悪いことなのでやめましょう。（小豆沢さん④）

▷いくらこんなことがあっても，ぬすんじゃだめだと思います。

(中野君③)
（2）気持ちはわかる／おばちゃんも悪い（12%）
▶先生の気持ちもわかる。おばちゃんはわるい。（千田君⑤）
▷悪いですね。マグネットをぬすむなんて。でもかわいそうですね。マグネットをぬすむ子が言っているとおり，おばちゃんが悪いと思います。（伊藤君④）
（3）万引きすると苦しくなる／返した方がいい（12%）
▷この後モンジはどうなったのかな。それでマグネットを返したらよかったのに。それだったらまたモンジに行けたのに。（久原君⑤）
（4）問題がたのしかった，その他（42%）
▶お父さんの貯金を盗ってまで買って，盗んだおもちゃで遊ばなかったのはもったいないと思った。（上田さん⑤）
▷最初は面白かったけど，後半はマグネットをぬすんだからいやでした。（有川君③）

どちらの2年生も，「盗み」の「いけなさ」を感想にしている子どもは多くみられますが（35%），「やましさ」にまで関わる感想を書いている子どもは少ない（12%）という印象です。

「どうして盗んだもので遊ばなかったのか？」という感想は低学年特有のものですが，その答えこそ「やましさ（良心がとがめる・うしろめたい）」に関わる感覚といえるでしょう。けれども低学年の場合，このお話だけでは「主人公の感じたやましさ」までは伝わらない子が多いようです。こういう微妙な感覚は，もう少し心の発達を経て，他人の気持ちを察することができるようになるか，実際に自分が経験しないとわからないものなのかもしれません。

また，「たのしい」と評価していない子がやや多いようにみえますが，感想を読むと，お話には興味をもっている印象を受けます。どうやら，主人公の行動に対する善悪の判断で評価を低くつける子もいるようです。で

すが，実際に授業をやってみると，「この授業は歓迎されている」という感覚を得ることができると思います。

❖小学校高学年の反応は？

では高学年ではどうでしょう。都丸 篤さん（小5・群馬）と僕のクラス（小6・群馬）の感想と評価を見ながら，低学年と比べてみたいと思います。

*▷は都丸クラス，▶は峯岸クラスの子どもの感想です。

（1）万引きはいけない／主人公は悪い（33％）

▷さいて～い。ぬすむなんてひどすぎる～。おばちゃんのせいにするなんて，ちょうひどい！おばちゃん，かわいそう～！

(関根さん③)

▶先生がその思い出をひきずっているのは，素直に謝って返していないからだと思います。やっぱり自分が悪いのだから，謝らなくちゃいけないと思います。あと，おばちゃんはよく見なかったとか，わからなかっただけで，悪いのは先生だと思いました。(髙原さん④)

（2）気持ちはわかる／おばちゃんも悪い（5％）

▷ぬすんじゃいけないと思ったけど，くやしい気持ちは分かると思った。読んでいて，ハラハラドキドキした。とてもたのしかった。(山田さん⑤)

（3）万引きすると苦しくなる／返した方がいい（27％）

5段階評価
- ⑤とてもたのしかった
- ④たのしかった
- ③どちらともいえない
- ②つまらなかった
- ①とてもつまらなかった

□小5（32名）／都丸 篤（群馬） 14 7 8 3
□小6（30名）／峯岸昌弘（群馬） 13 13 4

0 5 10 15 20 25 30 35 40人

高学年の感想の系統
- （1）万引きはいけない／主人公は悪い
- （2）気持ちは分かる／おばちゃんも悪い
- （3）万引きすると苦しくなる／返すべき
- （4）問題がたのしかった／その他

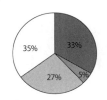

33％ 5％ 27％ 35％

▷万引きは苦しくなるっていうことが分かった。だから、どんなにほしいものがあっても、勝手にとってはいけないと思った！（新井さん⑤）
▶ひきょうな事をしてまで人からとった物は、自分の心にずっとひっかかっていくんだなぁ、と思いました。（斉藤さん⑤）
▶たしかに、おばちゃんは買う前に「この中に当たりがある」と言ったけれど、それをぬすむというのは、もっと悪いと思います。でも、今でも思い出すだけで、むねがチクチクするなんて、かわいそうと思いました。（山中さん⑤）
（４）問題がたのしかった、その他（35％）
▷プリントの続きが配られるのが、待ち遠しいほどたのしかった。（生方君⑤）

　小学校２年生と比べると、単純に「盗むのはいけない」だけで終わらずに、「盗んでしまうと苦しくなる、だから、やらない方がいい」という「やましさ」の問題を含む感想が増えている気がします。その分、高学年の感想は分類しづらいところもあるのですが、低学年と高学年を比べてみると、（３）「万引きすると苦しくなる」という系統の感想の割合は、12％ ⇒ 27％に増えているのが分かります。

❖低学年にはむずかしい？

　元々、低学年からできるプランにしようと思って制作した、この〈モンジ〉ですが、本当に「低学年からできるプラン」だと言えるのでしょうか。

　自分で実施してみた感想を言えば、十分可能だと思います。低学年の子どもたちも、この授業を歓迎してくれていますし、反応がいいというのは、すでにいくつかのクラスから報告をいただいています。子どもたちの感想から見てとれるように、「万引きはいけない」ということを再確認してもらう目的なら、問題はないでしょう。

　ただ、低学年の場合、教師が望むような感想を書いてくれる

かといえば，そうでない場合が多いのではないかと思います。特に，「盗んでしまうと苦しくなる，だから，やらない方がいい」という「やましさ」の問題にも気づいて欲しいことを強く願うなら，この授業は低学年向きでないといえるかもしれません。

また，ここではこれ以上詳しく紹介できませんが，小学校中学年や中学校でも高い評価が得られることがわかっています。小３～４の子どもの感想を見てみると，低学年と高学年の反応が混じったようなもので，心の発達が少しずつ始まってきているという印象を受けました。

❖子どもたちへの手紙

ところで，この〈モンジ〉を実施してくださった日吉 仁さん（佐賀・小学校）から，ある日，こんなメールをいただきました。

> こんばんは。忙しくされているところ申し訳ないんですが，うちのクラスの子がどうしても聞いてほしいと言ってるので，質問です。①「モンジの店は今でもあるのか？」／②「峯岸さんは，あのマグネットを今でも持っているのか？」を聞いてほしいとうるさいのです。「マグネットはねえだろ。多分35才ぐらいだぞ」と言ったんだけど。ちゃんと聞いて返事しないとね。よろしくお願いします。

この質問，僕が自分のクラスで授業をしていても，よく聞かれるものです。そこで，〈モンジ〉を実施したクラスで使える「僕からの子どもたちへのお手紙」を書いてみました。プランの後ろにある「〈モンジ〉の授業を受けてくれたクラスのみなさんへ」がそうです（①～③）。最後に紹介してもいいし，しなくてもいいし，どちらにするかは授業者の判断でお願いします。

〔謝辞〕〈モンジ〉は僕が初めて作った道徳プランです。無名の僕のプランに，初期から記録を送ってくださった佐藤さん，椎野さつきさん，今野しのぶさん，都丸さん，品川 正さん，中さんに，特に感謝を申し上げます。また，「子どもたちへのお手紙」のきっかけを作ってくださった，日吉さん，長 香里さん，山田岳史さん，ありがとうございました。

授業プラン
〈遠足〉

□小学校低学年から
□関連する内容項目
▶A「個性の伸長」
▶C「相互理解，寛容」／
「よりよい学校生活，集団生活の充実」など

原　文　　**四ヶ浦友季**　北海道・小学校

プラン作成　**峯岸昌弘**　　群馬・小学校

イラスト　伊藤友実

❖内容紹介

　四ヶ浦友季さん（北海道・小学校）の子ども時代の回想録『ちびくろユウキ』（私家本）の中に，「遠足」というお話があります。遠足のお弁当の時間，女の子たちのグループに「私も入れて」と言えないため，遠足に行きたくないユウキ。遠足の当日になると，なぜかお腹が痛くなってしまいます。遠足が嫌でたまらないために，そうなっていることに気づいたユウキは，ある作戦を実行します。はたして，その作戦とは。気になる結果は……。

　グループ作りが苦手な子をテーマに，自分だったらどうするか，自然と考えていける道徳プランです。

〈遠足〉

2010.7.22（改訂①）

原文　四ヶ浦友季　プラン作成　峯岸昌弘

　今日は，四ヶ浦友季さんという小学校の女性の先生が書いた文章を紹介します。四ヶ浦さんが小学生だった頃の思い出話です。

＊　＊　＊

　今もそうだけれど，子どもの頃の私はチビで肌の色が黒かった。おかげで，保育所の頃，そのことを男の子によくからかわれた。そのころ，『となりのトトロ』が初公開で大ブレイクとなったのだが，当然の展開として，男の子が私をからかう言葉に「まっくろくろすけ」が加わり，トトロ大ブレイクの陰でひとり大迷惑を被ることとなった。
　今回，そんなユウキが小学生の頃のこと，遠足が嫌でたまらなかった話を紹介しよう。

〔質問１〕　ユウキの「遠足が嫌でたまらなかった理由」とは，何でしょう？

　ア．歩くのがとっても疲れるので…。
　イ．教室での授業の方が，たのしいので…。
　ウ．いつも，お弁当がみんなのものと違うので…。
　エ．一緒にお弁当を食べる友だちがいないので…。
　オ．そのほか（　　　　　　　　　　　　　　　　）。

－ 1 －

小学校中・高学年のユウキは，遠足が嫌で嫌でたまらなかった。なぜかというと，一緒にお弁当を食べる友だちがいなかったからである。

　ユウキは，クラスのどの女の子グループにも入っていなかった。べつに嫌われていたからとかいうのではなく，みんなと仲良くしていたのだ。意識的にそうしていたのではなく，「自分はそうなのだ」という自覚もなかった。4年生の時，担任の先生から「女の子って大抵グループを作ってその中で仲良くするけど，ユウキちゃんはグループじゃなくてみんなと仲良くしているね」と言われ，初めてそんな自分に気づいたのだった。

　さて，遠足である。遠足の目的地に着くと，みんなはあっという間にいつものグループに分かれて散ってしまい，ユウキは1人取り残された。

◇◇◇◇◇◇◇◇◇◇◇◇◇◇◇◇◇◇◇◇◇◇◇◇◇◇◇◇◇◇◇◇◇◇◇◇◇

〔質問2〕

　そんな時，ユウキはいつも，どうするのでしょう？

ア．どこかのグループに「私も入れて！」と言って，入れてもらう。
イ．「一緒に食べる？」と誰かに言ってもらうのを待つ。
ウ．先生に相談する。
エ．一人で食べる
オ．そのほか（　　　　　　　　　　　　　　　）。

普段、みんなと仲良くしてはいるものの、仲良しグループにお願いしてグループの中に入れてもらうというのは、なんだか煙たがられるような気がして、ユウキは「私も入れて」の一言が言えなかった。誰かが気づいて「一緒に食べる？」と言ってくれるのを待つしかなかった。

　そうやってひとりで困ってうろうろしている時間が苦痛で、遠足の前の日は、「誰も誘ってくれなかったらどうしよう」と不安で不安で仕方なかった。「遠足行きたくない」といつも思っていた。

　そんな時、体はばっちりその思いにこたえた。遠足の朝は、なぜか決まってお腹が痛くなったのだ。

　初めてお腹が痛くなったとき、ユウキはそれを偶然だと思った。「お腹が痛い」とお母さんに言うと…

◇◇◇◇◇◇◇◇◇◇◇◇◇◇◇◇◇◇◇◇◇◇◇◇◇◇◇◇◇◇

〔質問３〕
　「お腹が痛い」と言ったユウキに、お母さんは何と言ったでしょう。

ア．「がんばって行ってきなさい」と無理に行かせた。
イ．「遠足は無理だね」と休ませてくれた。
ウ．「それは大変」と、病院に連れて行かれた。
エ．そのほか（　　　　　　　　　　　　　　）。

「お腹が痛い」と言うと、お母さんは「じゃ、遠足は無理だね」と、学校を休ませてくれた。ユウキはほっとした。

*

その次にやっぱりお腹が痛くなったとき、ユウキは「遠足が嫌だと思っているせいでお腹が痛くなるんだ」と気づいた。それはお母さんも同じだったとみえて、次からは、ユウキが「お腹が痛い」と言っても、もうすんなり「遠足は無理だね」とは言ってくれなくなった。「きっと歩くのが嫌なだけだろう。家から出てしまえば、諦めて学校に行くはず」と思っていた、のかどうかは分からないが、「あんまり痛くなったら、先生に言いなさい」と言って、とりあえずユウキを無理やり送り出したのだ。

だけど、それで諦めておとなしく遠足に行くワケにはいかなかった。何としても休まなければいけないのである。

◇◇◇◇◇◇◇◇◇◇◇◇◇◇◇◇◇◇◇◇◇◇◇◇◇◇◇◇◇◇◇◇◇◇◇◇◇

〔質問４〕

無理やり家から送り出されてしまったユウキ。その後、どうしたと思いますか？　自由に予想して、考えを出し合ってみましょう。

ユウキは,「一旦家を出て, しばらくして家に引き返す」という作戦に出た。そうすれば, きっとお母さんは「ユウキのお腹は, 学校まで歩けないくらい, 本当にとっても痛いのだ」と思うはずだ。
　ユウキは学校へ向かってしばらく通学路を歩き, 適当なところで引き返した。

　玄関のドアを開けて「お母さん！ おなか, 痛い！」と, 絞り出すような声で叫ぶと, お母さんは驚いて飛んできた。そして…,

〔質問５〕
　今度は, お母さんは, どうしたでしょう。

ア.「がんばって行ってきなさい」と無理に行かせた。
イ.「遠足は無理だね」と休ませてくれた。
ウ.「それは大変」と, 病院に連れて行かれた。
エ. そのほか（　　　　　　　　　　　　　）。

「戻って来ちゃうくらい痛かったの！」と言った。そして、学校に「休みます」の電話をかけた。

——ああ、よかった。

安心した瞬間、お腹の痛みは治まった。
…が、お母さんはそんなユウキのことなど知るはずもない。
「さ、病院行くよ！」——そう言ってユウキを車へとせき立てたのだ。
どうしよう。もうお腹は痛くないのである。今、病院に行っても、お医者さんは「どこも悪くないですね」と言うに決まっていて、そしたらお母さんは「今からでも遠足に行けるから！」と、ユウキをみんなのところまで送って合流させるに違いないのだ。途中からみんなの中に入るくらいなら、最初から行った方がまだマシだ。

おずおずと病院の診察室に入ったユウキは、お医者さんにお腹のあちこちを押された。
「ここは、痛い？」
そう聞かれて、大して痛くもないのに「…痛い」と答えるユウキ。
「ウソがばれたらどうしよう。〈なんともないです〉って言われたら、どうしよう……」
そう思って硬く身構えていた。

〔質問6〕

　「ウソがばれたらどうしよう…」と，あせるユウキ。その後，医者は何と言ったでしょう？

ア．「本当は，痛くないんでしょう？」
イ．「おかしいな〜。どこも悪くないんだけど」
ウ．「調子が悪いので，薬を出しましょう」
エ．「これはすぐに手術しないといけません」
オ．そのほか（　　　　　　　　　　　　　　　）。

お医者さんがお母さんに言った言葉は,ユウキが予期せぬものだった。
「お腹の動きが速いですね。安静にしておいてください。薬を出します」

やったー！ ユウキは心の中で万歳をし,ちゃんと「異常」でいてくれたお腹に感謝した。そして,今度こそ,心の底からほっとしたのだった。

遠足の日に「一旦家を出て,途中で戻ってくる」という作戦を使ったのは,この1回だけではなかった。

「遠足」という言葉を聞くと,あのときの不安な気持ちが,大人になったユウキの心の中にうっすらと蘇ってくる。

(おわり)

――四ヶ浦友季『ちびくろユウキ』より

* * *

さて,今日のお話を読んで,みなさんはどんなことを思いましたか？ 最後に,感想を教えてください。

ところで,こんなふうにして,なかなかグループに入っていけなくて辛い思いをしていたユウキですが,その後,一体どんな大人になったのでしょう。

そこで,「その後のユウキのお話」を,ほんの少しだけ紹介して,今日の授業を終わりたいと思います。

*

「さあ，いくぞ！」

インドの首都・デリーに着いたユウキは，大きく深呼吸した。これから，ユウキを泊めてくれるインド人の家族を探すのだ。

21歳の大学生になったユウキは，友だちと二人で旅行したインドが大好きになった。それで，インドに住んでみたくなって，大きなリュックサックに荷物を詰め込み，実際にインドにやってきてしまったのだった。今度は一人で。

*

まずは，家に泊めてくれる人を紹介してくれるところに電話をしてみよう。

そう思って，ユウキは電話を貸してもらえるお店に行った。お店に入ると，ヒゲを生やしたインド人のおじさんが座っていた。ユウキは，おじさんに英語で話しかけた。

「こんにちは。電話を使わせてください」

「日本人が，電話を使いたいなんて，どうしたんだい？」

おじさんは，英語で聞いてきた。

「これからしばらくデリーで生活しようと思っているんですけど，私のこと，家に泊めてくれる人を探したいんです。それで…」

そう言って説明を続けようとしたユウキに，おじさんは頷いてこう言った。

「それなら，うちに来るといい。泊めてあげよう」

「え?! ほんとうに?! やったあ，よろしくおねがいします！」

信じられない！ 5分でユウキを泊めてくれる人が見つかってしまったのだ！ なんてラッキー！ すごいぞインド！

こうして，ユウキのインドでの生活がスタートしたのだった。

＊

　その後，インドから帰ってきた彼女は，小学校の先生になりました。子どもの気持ちに寄り添えるステキな先生として，今も活躍しています。

(おしまい)

〈遠足〉
—解説—

峯岸昌弘　群馬・小学校

❖プランに込めた僕の願い

このプランは，四ヶ浦友季さんのエッセイを元に，僕が次のような密かな願いを込めてプラン化したものです。それは…，

①どうにもならないほど困ってしまう，というのはよくあること。そういう時にも，自分で判断し，何とか行動する知恵が必要です。クラスの友だちの意見を聞きながら，自分の行動の選択肢を増やすことができればいいなぁ。

②子どもの頃にはどうしようもないくらい心配なことでも，大人になるとそうでもなくなることがある，ということを知ってほしい。それにより，困難にぶつかったときにも「そんなに心配することでもないのかな？」とか，「自分ももっと勇気を出してみようかな？」など，安心してもらえたり，希望をもってもらえたりしたらいいなぁ。

——といったことです。

プラン中のいくつかの質問は，特に①の願いを具体化するためのものです（特に，質問2と質問4は，おもしろい意見がでることがあります）。小学校6年生でのボクの実施記録から，その実例を紹介します。

❖実施報告

□授業者：峯岸昌弘

□対象：小学6年生（28名）

〔質問2〕 遠足のお弁当で，いつもひとりになってしまうユウキは，どうしているのでしょう？

ア．どこかのグループに「私

も入れて！」と言って，入れてもらう。（1）
イ．「一緒に食べる？」と誰かに言ってもらうのを待つ。（4）
ウ．先生に相談する。（3）
エ．一人で食べる。（14）
オ．そのほか。（5）
⇒泣く／男子と食べる／食べない／先生と食べる／グループのはじに，こっそり場所を作る。

予想分布を見ることで，「みんなだったらどうするのか」がわかったり，意見を出し合うことで，「ああ，そういう方法もあるのか」と気づいたりできます。友達の考えを知ることで，安心したり，勇気をもらったり，逆に「この方法は，さすがにどうなんだ？」と考えたりすることができたらいいなと思います。

〔質問4〕 無理やり家から送り出されてしまったユウキ。その後，どうしたと思いますか？自由に予想して，考えを出し合ってみましょう。
⇒公衆トイレにこもっていた。
⇒わざと転んでケガして帰った。
⇒軽い交通事故に遭おうとした。
⇒走って学校へ行き，熱を計った。
⇒弁当を隠して，「お弁当がない！」と騒いだ。
⇒少ししてから家に帰って「お腹が痛い」という。
⇒近所に隠れている。
⇒池に飛び込んで，ずぶ濡れで帰る。

意見を出し合うと，いろいろ出てきます。もちろん，「ずるい！」とか「それはさすがにマズイよ！」という声があがるようなものも出ますが，本当に困っている時はなかなか考えが浮かんでこないものです。ですから，こんなふうに楽しみながら，困ったときの選択肢を増やせるのはいいことだと思います。考えを出し合った後に，「ユウキだったらどうするか」「自分だったらど

うするか」など，手をあげてもらってもいいと思います。

❖6年生（28名）の評価と感想

5段階評価

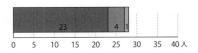

ほとんどの子どもが，「⑤とてもたのしかった」と評価してくれました。何人かの感想も紹介します。

▷私もキライな行事があると，体温計をすごい力ではさんでみたり，お腹が痛いとトイレにこもってみたりしました。でも，そんなウソをお母さんはすぐに見やぶってしまうことが多いです。とてもおもしろいお話をありがとう！（神立春香⑤）

▷どちらのグループに入ればいいのかわからない時は，声をかけてもらうことは確かにあるかもしれません。が，ずる休みというのはよくないかと思います。でも，病院に行って薬をもらったのは，すごいミラクル!!（八木実杏⑤）

▷質問が特におもしろかった。たまにおかしな選択肢がったのが，とてもおもしろかったです。ぼくも，そういう経験はあります。ぼくはほぼ毎週火曜日に英語塾に通っています。そんなときお腹が痛くなります。それは英語塾がイヤ（メンドクサイ）でなっているのか，タイミングがよすぎるだけなのか。とても不思議でした。（和田匠⑤）

▷ユウキみたいに遠足がきらいという子は，はじめてです。みんな遠足は楽しいと思うものなのに，行きたくないと思うなんて，ぼくには想像もできません。だけど，ぼくもちびだから，ちびの苦しさは分かっています(ぼくは136cm)。でも，ユウキみたいに黒くてからかわれる気持ちは分からないけど，苦しいんだと思います。（三浦健太⑤）

▷もし，自分がユウキだったら，

同じ事をやっていたと思います。でも，私は，同じクラスだったら，ユウキと友達になって，一緒に食べようって言います。（陣内あおい⑤）
▷この人はズルイと思いました。なぜなら，遠足に行けば，1年間のいい思い出になると思うからです。ぼくなら何としても「弁当を食べよう」と言って，食べます。峯岸先生の道徳はおもしろい。（清水彪斗⑤）
▷ユウキはもっとましな作戦を思いつかなかったのか。池に飛び込むとか。それ以前に，セコイです。弁当のグループくらいで，そこまでしないと思います。（尾城仁晟⑤）
▷自分が学校の行事などに出たくないときには，ユウキがしたように，家を出て，途中で戻ってこようかなと思いました。ユウキの気持ちがよくわかった。（角田楓④）

原文を書かれた四ヶ浦友季さん（北海道・小学校）も，授業記録を送ってくださいました。

5段階評価
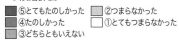

小学校3年生（12名）ですが，高学年同様，高い支持を受けています。子どもたちの感想も，「たのしかった」「入れてもらえなかったことが，わたしにもあります」「ひとりで食べるなんてかなしい」「ユウキの気持ちがわかる」など，共感しているものが目立ちました。

〔編注〕このプランの元になった四ヶ浦友季さんの『ちびくろユウキ』では，主人公の呼称に「ちびくろ」という表現が使われています。この呼称は，作者の四ヶ浦さんが物語の中で自身の愛称として用いているもので，表現自体に差別的な意図はありません。しかし，プランを利用される方から，「〈ちびくろ〉という表現に指導が入ったことがある」「クラスの状況ではやりづらい場合がある」という意見も寄せられていたため，今回のプラン集では，「ユウキ」に改称させていただきました。

授業プラン
〈ピンチの時に〉

□小学校低学年から
□関連する内容項目
▶A「希望と勇気,努力と強い意志」
▶C「よりよい学校生活,集団生活の充実」

プラン作成　　**峯岸昌弘**　群馬・小学校

❖内容紹介

　中 一夫さん作のプラン〈ミスした時に〉(102ペ)のような話を,なんとか小学校低学年からでも実施したいと考えて作ったプランです。

　僕が小学校4年生の時,算数のテスト中に教室で起こってしまった"大ピンチ"についての思い出話です。その大ピンチを,どう切り抜けようとしたか,予想しながらお話を読み進めます。そして,その結末は……。

　僕の作ったプランの中では,一番笑いが起こる授業です。低学年から高学年まで幅広く支持を得ています。中学1年生でも楽しめたという報告もいただきました。思いがけず〈ミスした時に〉とは違った味のある授業プランになっています。学校生活が安心できる内容でもありますので,出会いの授業にもオススメです。

ピンチの時に

2007.5.19

プラン作成　峯岸昌弘

　みなさんは，どうしたらいいのかわからないほどの大ピンチになってしまったことがありますか？みなさんのまわりにいる大人，お家にいる人や先生のような大人は，とてもしっかりしているように見えますね。でも，大人になるまでには，たくさんの失敗をして，多くのピンチを味わって，今を生きているんですよ。人間，生きていると，どうしたらいいのかわからないほどのピンチにおちいってしまうことが，誰にでもあるようです。いや，みなさんぐらいの年でも，すでに，何度か大変なピンチを味わったことがある子もいるのではないでしょうか。

　今日は，ある小学校の先生が小さい頃に味わった大ピンチのお話を紹介したいと思います。自分だったらこうするだろうなぁ，なんて考えながら読んでくれるとうれしいです。全部読み終わったら，最後に感想を教えてください。

＊＊＊

　それは，僕が小学校4年生の時。そろそろ夏休みという頃のこと。

一学期も終わりかけた7月の、暑い夏の日でした。授業も夏休みを前にまとめの時期。先生は、今までやった勉強のテストを、僕たちにさせていました。4時間目は算数の時間。この時間もテスト。一斉にプリントが配られ、テストが始まります。通知表をわたされる日が近いので、僕はとても真剣に、そのテストをやっていました。しかし、テストを始めて10分くらいしてから、急にトイレに行きたくなりました。そういえば、2時間目と3時間目の間の長い休み時間に、外でたくさん遊んで汗をかき、すご～くのどが渇いたので、大量の水を飲んだのでした。ギリギリまで遊んでいたので、僕はその時、トイレに行けなかったのです。

　そして、今です。4時間目。算数のテスト中。初めは我慢していましたが、テストが半分終わるくらいで、もう我慢できなくなりました。

　今すぐトイレに行きたい！　でも、ちょっと恥ずかしいな。

　何で3時間目が終わってからこの授業が始まるまでに、トイレに行っておかなかったんだろう。僕は後悔しました。

　ああ、でも、もう我慢できないほど、つらい！

　これを我慢しながらやっても、きっと計算まちがいをするに違いない。普通の時だって計算まちがいが多いのだから、おしっこを我慢しながらやった問題なんて、きっとまちがいまくるに決まってるよ…。

　そう考えていた時…,

〔問題1〕　そう考えていた時，何があったでしょう？

ア．我慢しながらだと，テストの問題がすらすら解けることに気づいた。
イ．先生が気づいて，「どうした？」と聞いてくれた。
ウ．僕ではなく，僕の友達が「先生，トイレに行きたいです！」と言った。
エ．何と，おしっこをもらしてしまった！
オ．その他（　　　　　　　　　　　　　　　　　　）。

もう我慢できない！　そう考えていたその時，なんと僕ではなく，友達のてっちゃんが，「先生，トイレに行きたいです！」と言ったのです。僕はラッキー！と思いました。一緒に行けるじゃん！　恥ずかしくないよ〜。てっちゃん，ありがとう‼　心の中で感謝しました。
（問題1の答えはウ）

　ところが，その勇気あるてっちゃんの申し出に，先生は厳しくこう言ったのです。

　「ダメだよ，てつお君。トイレは休み時間のうちに行きなさいって言ってあるだろう。先生は，テストが始まる前の休み時間にも，みんなに言ったよね？　トイレは今のうちに行きなさいって。この時間は，我慢しなさい」

　てっちゃんは，だまってうなずくと，席に戻りました。驚いたのは僕です。

　え〜！てっちゃん，素直に戻りすぎだろう〜！　我慢できるくらいなら，そんなこと言い出すなよ〜！

　僕は，今さっき心から感謝したことなんて忘れて，てっちゃんを恨みました。

　僕がトイレに行くことは，さっきよりもずっと難しくなり，僕は一気にピンチになりました。そして，また後悔しました。どうして4時間目が始まる前，先生がトイレに行けって言った時に行かなかったのか。なんで，てっちゃんより先に「トイレに行きたい」と言い出せなかったのか。でも，そんなことを考えても，何も始まり

ません。僕の膀胱(ぼうこう)(おしっこをためておくところ)は,待ってはくれないのです。

◇◇

〔問題2〕 そのピンチに,僕はどうしたでしょう?

ア.しょうがないから「トイレに行きたいです」と,僕も先生に言った。
イ.「気持ち悪いです」とウソをつき,教室を出ようとした。
ウ.問題を解くのをあきらめて,ひたすら最後まで我慢した。
エ.パンツが少しぬれるくらいにおしっこを出し,楽にしてから,問題を解こうとした。
オ.その他(　　　　　　　　　　　　　　　)。

僕はもう、かなり限界に来ていました。今にもおしっこがもれそうになるのを我慢しながら、どうするか考えました。目の前の算数の文章題なんて、もはや日本語として僕の頭の中に入ってくることはありません。このまま、問題を解かないで、最後まで我慢しようかとも考えましたが、もうそれすらできないだろうと思いました。それほどギリギリでした。しかし、「トイレに行きたいです」と先生に言っても、さっきのてっちゃんのようになるのは目に見えています。僕は残された最後の手段を使うことにしました。

　ちょっとだけ出そう。

　ようは、みんなにバレなければいいのです。ちょっと「ちびった」ところで、僕のズボンの中が気持ち悪くなるだけ。それよりも、少しでも膀胱を楽にして、問題を解けるようになる方が、今の僕にとっては大切でした。
　ビックリしておしっこを「ちびる」ことなんて、よくあります。それとおんなじだ！　僕は自分にそう言い聞かせました。

　僕はものすごく慎重に、おしっこの栓を開きました。パンツが少しだけ濡れるくらいに……。　　　　　　　　　（問題２の答えはエ）

　ところが！

　少しだけ開いたはずの栓から、おしっこが大量に吹き出したのです‼　急いで、栓を閉じようと必死の脳から信号を送りますが、なぜか栓が閉まりません‼　うわあ！　なんでだ〜‼　心の中で僕は叫びました。ストップ‼　ストーップ‼

- 6 -

87

僕の願いとは裏腹に，おしっこは流れ出し，パンツで吸収できる量を大幅にオーバーし，ズボンを濡らし，イスからしたたり落ち，僕の席の下には，小さな水たまりができてしまいました。
　栓がようやく閉じたのは，出したいおっしこの半分ぐらいが出たところでした。
　……止まった…。僕はボー然としました。まさか，自分から「ちびる」ことは，できないことだったなんて…。そして，一度出はじめたおしっこを止めることが，こんなにも難しいことだったとは…！　僕はそれをこの時，4年生にして初めて知ったのです。
　しかし，そんなことをゆっくり確認しているヒマは，その時の僕にはありませんでした。僕のピンチは，大ピンチに変わってしまったのです。

◇◇◇

〔問題3〕　その大ピンチに，僕はどうしたでしょう？

ア．「すいません，おしっこもれました」と先生に言った。
イ．ばれないように，自分でふいた。
ウ．どうすることもできず，かたまった。
エ．となりの席の女の子に，「おしっこもれちゃった」と小声で言った。
オ．その他（　　　　　　　　　　　　　　　）。

僕は、4年生にもなって、おもらしをしてしまった…。ショックでした。今まで、友達の「おもらし」を何度か見てきましたが、もしかしたら、みんな、少しだけ出そうと思って失敗してきたのかもしれません。その子たちの気持ちが、今、初めてわかった気がしました。

　ただ、こういうのを「不幸中の幸い」というのでしょうか。みんな、算数のテストに夢中なので、まだ、僕がおしっこをもらしたことに気づいていないようなのです。周りを見ても、みんな一生懸命、問題を解いてました。教室はしーんとした中で、カリカリえんぴつの音だけがしていて、僕のおしっこがしたたり落ちた音は、全く聞こえていないみたいです。

　僕は、机の横にかけてあった、かわいた自分のぞうきんを下に落とすと、問題を解くフリをしながら、自分の足でおしっこをふきました。おしっこがもれそうだった、さっきまでとは違い、周りの様子がよくわかるし、どう行動したら一番いいのかも、冷静に考えられる自分に気づきました。考えてみたら、さっきだって「気持ちが悪い」とウソをついてでも、教室を出てトイレに行くべきでした。でも、そんなこと思いつくなんて、おしっこがもれそうなときには全くできませんでした。　　　　　　　　　　（問題3の答えはイ）

　床にこぼれたおしっこをふき終わると、僕は残りの算数の問題を解きました。最後まで一気に解き終わると、見直しなんかしないで、これからのことを考えました。どうにか、みんなにバレないで、このピンチを切り抜けることはできないものか…。

- 8 -

〔問題4〕 この後,テストが終わってすぐ,僕はどうしたでしょう？

ア．体育着をトイレにもっていき，ぬれたズボンをはきかえた。
イ．おしっこぞうきんをトイレに持っていき，洗った。
ウ．教室にかざってあった花びんの水を，わざとこぼした。
エ．廊下に出ていき，ながしの水で水遊びを始めた。
オ．その他（　　　　　　　　　　　）。

テストが終わると，みんながテストを集めたり，教科書で見直しをしているスキをついて，おしっこをふいたぞうきんを手に取ると，素早く後ろにある自分のロッカーに押し込み，同じロッカーから体育着のズボンだけを取り出すと，それをお腹に隠してトイレに逃げ込みました。

　ズボンだけ体育着になるのは勇気のいることでしたが，ぬれたままのズボンでは，明らかに「おもらし」がバレてしまいます。パンツもびちょびちょだったので，僕は「ノーパン体育着小僧」となってしまいました。自分が，とても，みじめでした。

　トイレでパンツとズボンをしぼり，またお腹に隠すと，さっきのようにロッカーまで行ってランドセルの奥に押し込みました。とても汚いと思いましたが，しょうがありません。ぞうきんもズボンもパンツも，ながしで洗っていたらバレるかもしれないじゃないですか。僕は，どうしてもバレたくなかったのです。4年生にもなって，夜寝ている時でもないのに，「おもらし」してしまったなんて…！

　かといって，教室に花びんの水をまいたり，廊下にながしの水をまいたりして，みんなに迷惑をかけてまでごまかすのは，卑怯だと思いました。これがそのときの僕の，ささやかな道徳でした。

(問題4の答えはア)

　しかし，この事件は，このままでは終わりませんでした。集団生活というのは，そんなに甘いものでもなければ，簡単にごまかしきれる場所でもないらしいのです。

〔問題5〕 この後、どんなことが僕に起こったのでしょう？

ア．「なんでズボンだけ体育着なの？」と、男友達に聞かれた。
イ．女の子が僕の所に来て、「おしっこしちゃったでしょう？」と言った。
ウ．ロッカーに隠しておいたぞうきんやズボンを見つけられてしまった。
エ．おしっこのにおいで、クラスのみんなにバレてしまった。
オ．その他（　　　　　　　　　　　　）。

誰にもバレることなく、ぞうきんとズボンを片づけることに成功した僕でしたが、最後に大きな問題が残りました。それは、ズボンだけが体育着だということです。この後、体育があればよいのですが、その日はそんなこともなく、僕の体育着ズボンは、何かがあったということを、物語っています。

僕は、友達に先に言われる前に、みんなに言いふらすことにしました。

僕「廊下の水道で遊びながら手を洗ってたら、すげーぬれちゃったよ。これじゃあ、おもらししたみたいじゃん」

いやいや、実際、おもらししたんですよ。本当、今思い出しても、とてもみじめで、悲しくなります。

すると、友達のトシくんが、こう言いました。

トシくん「そんなこと言って！まさか、ホントにもらしたんじゃないの？」
僕「へっ…。そんなわけないじゃん…」

そんなわけあるから、声のトーンもあがりません。

トシくん「ウソウソ！冗談。それより遊ぼうぜ～！」

トシくんは、気の優しい僕の友達。みんな、トシくんのことが大好きなんです。それからは、「どうして体育着なの？」と他の人から聞かれても、トシくんが「流しでビチョビチョになったんだって！おもらしじゃないぜっ！」って、僕をかばってくれたのでした。本当はおもらしだってこと、知らないんだろうけど、僕は、優しいトシくんに、とても感謝しました。

- 12 -

そんなことがあって，一安心していた僕のところに，クラスの女の子がひとりやってきて，小声で僕に言いました。

「ねぇ，おしっこしちゃったでしょう？」

　僕は耳を疑いました。そして，体がこわばって，動かなくなっていくのを，感じました。となりにいる彼女の方に顔を向けることができず，目だけでようやく彼女の顔を確認しました。よりにもよって，僕がクラスで好きだった子，晴子ちゃんでした。僕は急にドキドキしてきました。僕の耳にはさっきの言葉が残っています。

「ねぇ，おしっこしちゃったでしょう？」

　一度しか言われなかったはずなのに，僕の頭の中では，何回も言われているようにこだまししました。

僕「し…してないよ…」

　そう答えるのが，やっとでした。

晴子ちゃん「ふ～ん。イスの下がぬれてたから，そうかと思ったんだけど…。ごめんね」

　なに―‼　遠くにある自分の席の下に目をやると，また，小さな水たまりができているのが見えました。…そうか，考えてみたら，床はぞうきんでふいたけど，イスはふいてなかった‼（イスをふいたらあやしいと思われるし，たいしたことないと思っていた）。イスについていたおしっこが，時間がたって，たれてきたんだ…！

　僕の体は一気に脱力しました。これには，さすがにまいってしまいました。

さすがに，イスやイスの下がぬれていることに気づいて，僕のズボンが体育着だったら，それは，バレるよなぁ。よりにもよって，晴子ちゃんにバレた…‼ 僕は，はずかしくなって，さっきの「してないよ」というのを取り消したくなってきました。

晴子ちゃんは，3年生の時の2月14日，つまり，バレンタインデーの時，僕にチョコレートをくれた唯ひとりの女の子でした。その時はとってもうれしかったんだけど，すごくはずかしくて，僕はとっさに「俺，チョコ甘すぎてあんまり好きじゃないんだよね」って言ってしまって，後からすごく後悔したことがありました。

また余計なこと言っちゃったよ…，と反省していると，僕は，もっとビックリしてしまうことを目にしました。

何を思ったのか，晴子ちゃんは，自分のぞうきんで，僕のイスの下のおしっこをふいているのです！ 僕がおしっこじゃないって言ったのを信じているのかな⁉ 僕はウソをついた自分をかなり反省し，自分の席にかけつけると，晴子ちゃんからぞうきんを奪って，自分でふきました。

「ごめん。俺がこぼしちゃったから，自分でふくよ」

結局，おしっこを「もらした」ことは言えなかったけど，そのぞうきんを洗って，晴子ちゃんに返した僕。この時僕は，この上なく，みじめな気分になりました。　　（問題5の答えはア。また，イも当たり）

それから，僕の「おしっこもらし事件」は誰にバレるわけでもなく，みんな，本当のことを知らないまま，そのお話は僕の心の中だけに残ったのです。

− 14 −

●おわりに ～どちらに転んでも，シメタ！～

 その時は，本当にどうしたらいいのか分からなくなってしまうようなことや，どうにもならないほどの大ピンチにおちいってしまうことって，誰にでも起こることだと思います。そんな時って，すごーく悩んで，とっても苦しくなります。「もういいや！」って，あきらめたくなったり，逃げ出したくなったりするようなこともあるでしょう。

 でもね。その時はとっても苦しんだはずの大ピンチも，時間が経ってみると，「あんまりたいしたことじゃなかったなぁ」と思えるようになることがあるんです。

 この話，僕が子どもの時には，絶対に誰にもバレたくなくて，ずっと自分だけの秘密にしてきたことでした。だけど，大人になった今は，そんなに恥ずかしげもなく，みんなに話せるようになりました。確かに恥ずかしい話ですが，絶対にバレたくない秘密ではなくなったのです。

 また，この「おもらし事件」が，もし子どもの時にみんなにバレていたとしても，きっと，そんなに変わらない今を，僕は生きているんじゃないかなぁと思います。

 そうです。とんでもなく大変な事が起こってしまった！と思っても，あんがい，その後に，なんの影響もないことって多いんです。だから，これはピンチだ！って思っても，そんなにあせる必要はありません。あせるときちんとした判断ができなくて，もっとひどい大ピンチになってしまうことだってあります。

 それに，そのピンチが逆に，とてもためになっていることだってあるんですよ。僕は，この「おもらし事件」の時，本当に自分の行動がイヤになったけれど，後になってみると，いいこともたくさん

あったなぁ，と振り返ることができます。「自分だけでもなんとかなるもんだ」ということがわかって，ピンチを切り抜けられる自信になったり，「トシくんって優しいなぁ」っていう，友達のいいところに気づけたり，「晴子ちゃんに悪いことしたなぁ」って心から反省できたり，「おしっこをもらしてしまう子の気持ち」とか，おしっこをもらさなければわからなかったことが，いろいろわかったりもしたからです。

今，僕を励ましてくれる，こんな言葉があるので紹介します。

「どちらに転んでも，シメタ！」

失敗した時って，「もうダメだ！」って思ってしまうよね。でもその時って，逆に，何かが変わる「チャンス」でもあるんです。ピンチの時は，今までにないほど何かが変わる時。それを，「もうダメだ！」と思ったら，それはダメに変わってしまうかもしれないけど，「チャンスだ！」って思ったら，逆にいい方向に変わることだってあることを，忘れないでほしいのです。

*

4年生も終わりに近づいた2月14日。僕は，晴子ちゃんから，またチョコをもらうことができました。結局，ふいてくれたアレが，「おしっこ」だったことを，僕は言えなかったのに…。その時のチョコは，本当にほろにがく，でも，とっても甘いものでした。

（おしまい）

* * *

最後に，このお話を読んで（聞いて），考えたことや感想などを，教えてくれたらうれしいです。

〈ピンチの時に〉
—解説—

峯岸昌弘　群馬・小学校

❖プランのねらい

　僕をいつも支えてくれる言葉，「どちらに転んでもシメタ*」を紹介する，僕自身の体験談です。

　僕は小学校4年生の時におしっこをもらしてしまい，当時は，絶対にばれたくない僕の最大の秘密だったのに，今はこうしてみんなの前で話せるようになりました。その時には「最悪！」と思ったことでも，時間がたてばそんなに大したことではなかったりすることって，あるんですよね。

　それなのに，いつまでもウジウジ落ち込んだりして，余計によくないパターンに陥ってしまうのは，もったいないことだと思いませんか？　最悪な経験でも，見方を変えると，こうしてみんなに教材として紹介できるとか，「いいこと」にもなりうるわけです。

　＊「どちらに転んでもシメタ」というのは，教育研究家の板倉聖宣さんが作られた格言の一つです。

　　「どちらに転んでもシメタ」
　　条件が変わると
　　見えるものも変わる

　何か変わったことが起こるといつも「悪い方に転んだ」と思う悲観的な人がいます。剣道で立ち会っていて，相手が少し動いたらいつも「打ち込まれる」と思うようなら，その試合は負けに決まっています。

　相手が少しでも動いたら「しめた，すきができたぞ」と思えるようになったら，試合に勝てるようになるでしょう。

　何か変化したときは，負ける恐れもある代わりに，その変化をうまく利用して勝つチャンスでもあるのです。いつも悲観的に考えて

いると,そのチャンスを見過ごしてしまいます。どんな変化のときも,必ず自分に都合のいいチャンスにもなっていることを忘れないことです。(板倉聖宣『発想法かるた』仮説社,より)

❖実施報告①
□対象:小学6年(30名)
□授業者:峯岸昌弘
□子どもたちの評価と感想

5段階評価

「→」以下は僕のコメントです。

▷この話を読んで,「その時はとってもはずかしかったりすることかもしれないけど,時がたてば,そんなにでもなくなる」というのは,はじめて知りました。たとえピンチの時でも,冷静になるのが大切なんだと初めて知りました。
(斉藤梓美)

→いいところに気づいてくれました。冷静になるのって,とっても難しいんだけど,これが大切なことだと僕は思っているのね。ガッカリしたり,あせったりして,気持ちが落ち着かないまま行動すると,もっとマズイことになることって多いんです。「困ったぞ」と思うような場面に出くわしたら,これはチャンスにできるかな?と思ってみてください。不思議と落ち着いて,いいアイデアが浮かんだりすることもあるから。

▷ピンチの時って,だれにでもあるけれど,大ピンチはめったにないと思います。でも,この体験を聞いて,いい事もあるんだなと思いました。でも,本当に大ピンチには気をつけたいです。大ピンチになったら落ちついて,よく考えて行動した方がいいと思いました。友達のやさしさや,反省する事に気づけてよかったですね♪(山口由希菜)

→そうそう♪「転んでも,シメタ」。失敗したからこそ気づけたことってあるんだよね。

▷ある意味で,すごいことかなーって思った。私だったら,ウソをついてでもトイレに行くかな〜と思いました。道徳

がまたこういうおもしろいのがい〜な〜って思いました。

(山科佑香子)

→自分だったらどうするか，考えながら参加してくれてありがとう。それって大事なんだよね。

▷先生の話はすごく楽しかったし，勉強になりました。もし私がテスト中にトイレに行きたくなったら，はっきり「トイレに行きたいです」と言ってしまいます。冷静に考えることが一番だと思いました。

(高橋麻希)

→そうだね。はっきり言うことが大事だよね。僕にはその勇気がなかったんだけど。僕はそういう経験をしているので，トイレに行きたいと言う子には「どうぞ，どうぞ」という感じなので，ご安心ください(笑)。

▷この先生の実話は，楽しくて，勉強になりました。私もよく失敗することが多いので…。とても参考になりました。「どちらに転んでも，シメタ!」という言葉，覚えておきたいと思っています。また，絶対失敗してしまうことがあるので，その時に，この言葉を思い出して，ちゃんと考えて，行動などしたいと思いました。とても参考になるお話でした。

(高橋凛)

→うれしい感想をありがとう。紹介した甲斐があるというものです。僕も何度もこの言葉に助けられてきたんですよ。今では僕の生き方そのものになっているかもしれないほど，人生をたのしいものにさせてくれる大事な言葉です。

▷私も「大ピンチ」を味わったことが何回かあります。今でも，思い出すだけでイヤになったりします。でも，失敗をしたときは「もうだめだ」と思ったりしないで，これは何かが変わるチャンス!と思えばいいんだと分かりました。

(山中逸羽)

→そうです，大切なことに気がついたじゃない。でも，もしかすると，その「思い出すだけでもイヤなこと」というのも，いつか人生の役に立つときがくるかもしれないよ。案外，人生に無駄な事ってなかったりするんだよね。「その時があるから今がある」って思えたりします。

▷僕の感想は，どうしようもなくあせっていると，何もできなくなって，どう行動したらいいかわからなくなってしまうけど，そういうときはおちついて行動するといいというのは，とても勉強になって，とてもためになる話でした。

(丸山貴大)

→あせったときこそ冷静に考えないと，もっと悪い方向になっちゃうんだよね。自分一人ではどうにもならないと思ったら，親や友達，そして僕でもいいから，気楽に相談することをオススメします。

このように，みんなよく考えながら授業に参加してくれていました。ほかにも，「自分は2年生の時にう○こをもらしてしまったことがあるけど，先生にもそういうことがあるし，誰にでもそういうことがあるということを知れてよかった」という感想ももらいました。そういう子が一人でもいると，「僕の経験も無駄ではなかったなぁ。いや，むしろ役に立っている？」と思うのです。

❖小学校低学年から中学生まで

小学校低学年から中学生まで，幅広く実施報告が届いています。子どもたちの評価だけ，一覧で紹介します。

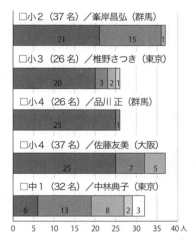

もし追試された方がいらっしゃったら，ご一報いただけると嬉しいです。また，実施報告・記録を送ってくださった椎野さん，品川さん，佐藤さん，中林さん，ありがとうございました。

授業プラン
〈ミスした時に〉
□小学校高学年から
□関連する内容項目
▶A「正直，誠実」
▶D「よりよく生きる喜び」

中　一夫　東京・中学校

❖ 内容紹介

　採用試験に行ったのに，必要なものをすべて忘れてしまった──あせりも緊張もピーク，こんな大きなミス（失敗）をしたらもう終わりかと思っていたら……。

　子どもたちは，ミスをしたらすべてが終わりと思いがちです。ミスしたときの対処の仕方や，ミスとか失敗そのものについて考えていく好評のプランです。

　『たのしい進路指導』（中著，仮説社）の本のもとにもなった大好評のお話の，小学校でも実施可能な1時間ものの授業プラン版です。

ミスした時に

2006.5.9

プラン作成　中　一夫

はじめに

　誰だって，失敗をすることはあります。どんなに完璧に見える人でも，失敗のない人間なんていないし，新しいことに取り組むときには，必ず何らかの失敗をするものです。反対に，「全く失敗がない」としたら，それは新しいことに取り組んでない証拠であるかもしれないのです。

　いま，社会の変化のスピードはますます早くなってきています。自分から新しいことに挑戦しようと思ってなくても，気づいたらまわりには新しいものがあふれ，望む・望まないに関わらず，だれもが新しいことに取り組んでいかなければなりません。そうなると，当然，失敗を避けては通れないわけです。

　では，失敗したときには，私たちはどんなふうに対処すればいいのでしょうか？

　今日は，受験生に向けて書かれた文章を読みながら，「失敗」ということについて考えていきたいと思います。

ミスした時に

中　一夫

　試験を前にキンチョーしているみんなに、今日はボクの試験の思い出を書いてみることにしました。それはそれは恥ずかしく、またおかしくうれしい思い出です。ボクが教員採用試験を受けた時のことです。

＊

　先生になりたかったボクは、東京、山梨、島根の３つの「教員採用試験」をうけました。不勉強がたたって、山梨、島根は一次試験（筆記試験）でダメ。奇跡的に東京だけ二次試験（面接）まで進みました。その二次試験でのことです。ボクは着なれないスーツを来て試験にのぞみました。ところが、会場についてさっそく入口で首をかしげてしまったのです。

　なぜなら、中へ入っていこうと思っても、どこにもスリッパが用意されてないのです。「スリッパはどこ？」とキョロキョロするボクのそばで、次から次へと、スリッパをカバンから取り出して中へ入っていくスーツ姿の人たち……。ボク以外の受験生は、全員スリッパを持ってきていて、それに履きかえて中に入っていくのです。「みんな用意がいいなあ」と感心しながら、スリッパを持っていないボクは受付の人に頼みます。
　「スリッパを貸してもらえませんか？……」
　丁寧に聞いたのに、その人は「受験生のくせにスリッパを忘れたの！」とボクをしかります。「スリッパを持ってくるなんてどこにも書いてないくせに、しかることないだろう！」と心の中で文句を

言います。
　その時点ではまだ，僕は自分がどれほど大きな失敗をしていたのか，全く気づいていなかったのです。

　とにかくスリッパを借りて控室(ひかえしつ)に入ると，そこでは採用になった時のための書類書きをしていました。渡された書類を見て，ボクは「変だな～」と，思いました。

	東京都教員採用ナントカカントカ…
氏名	写真添付欄
住所	裏に名前を
本籍	書いて
他	のり付けすること

「本籍(ほんせき)」なんて忘れたよ。……「写真添付欄(てんぷらん)」があるけど，どこで写真とるのかな？
　ボクはそんなノン気なことを考えていました。
　そのうち係の人の説明があります。
「いま渡した書類は，採用を決めるとても大事な書類ですから，記入の間違いのないようにしてください」
「写真はここにノリがありますから，それを使って貼ってください」
　ボーゼンとするボクをしり目に，ノリのまわりは「砂糖に群(むら)がるアリ」のように，写真を片手にした受験生でいっぱいになります。
　そんなバカな……。どうしてみんな写真を持ってんだ？　後から別の通知でも来たんだろうか？　……ボクはだんだん自分の顔から

－3－

血の気が引いていくような気がしてきました。

◇◇

〔問題1〕 どうして自分だけ何も用意してなかったのでしょう？

　ア．自分にだけ別の通知が送られてきていなかった。
　イ．別の通知が送られてきてたのに，気付かなかった。
　ウ．最初の書類に説明があったが，気づいてなかった。
　エ．そもそもの合格通知が間違いだった。
　オ．その他（　　　　　　　　　　　　　）。

あわてながらカバンの中から今回の試験の通知（ハガキ）を取り出します。裏にはたしかに日時と場所が書いてあり，そして大学の成績証明書（これはちゃんと用意していった）が必要だということが書かれていました。
　……あせってパニックになりつつ，ハガキの表を見た時，ボクにはすべてが分かりました。

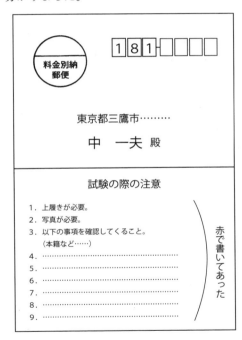

　頭の中で「ガ〜〜〜ン‼」という鐘の音が10回以上こだまします。ウッソー‼　そんなー‼　ボクはこの注意書きをまったく読んでない！　……もうだめだ，落ちた…。

ボーゼンとしつつも，この手紙を受け取った時のことが思い出されてきます。裏に書いてあった「1次試験合格」の文字に有頂天になったボクは，その手紙を裏にしたまま柱に押しピンでとめていたのです。ボクがいつも見ていたのは，「合格」の文字と，2次試験の会場と，「成績証明書持参のこと」というたった一つの注意事項だけだったのです。バカバカバカ……。いまさら遅い。

　5分ぐらい，ボーゼンとして時間が過ぎていきます。でも，「ボーゼン」としつつも，頭の中ではいろんな思いがかけめぐります。

「外へ出て，写真屋へ行って，すぐ写真をとってもらおう！」
……朝の9時なんかにあいてるわけないよなー。
（注：当時はまだインスタントの証明写真コーナーなどはなかった）

「知らんぷりして，写真を貼らずに出そうか!?」
……そんなこと，どうせダメになるに違いないよな。

「あきらめて，帰ろうか？」
……せっかく，ここまで来たのに…。落ちても来年うける時のために，一度は面接を経験しといた方がいいよなー。それにしても，オレって，なんて，バカなんだろう……バカバカバカ……

〔問題２〕 あなたなら，このあとどうすると思いますか？ また，筆者はどうしたと思いますか？

ア．写真を貼らずに書類を出す。
イ．そのまま黙って帰る。
ウ．係の人に相談する。
エ．写真のかわりに似顔絵を描いて書類を出す。
オ．その他（　　　　　　　　　　　）。

　　自分ならこうすると思う ……（　　）
　　筆者はこうしたと思う ………（　　）

そのうちやっと,「まあ.しかたないよ」という気になってきて,意を決して手を上げました。
　「あの〜, すいません。写真を忘れてしまったんですけど…」

　その一言（ひとこと）の反響（はんきょう）の大きさ！
　あっという間に,その場にいた係の人がいっせいにボクのまわりに集まってきました。そしてボクを無視して真剣にその人たちだけで話し合いを始めます。
　「どうしよう？」
　「でも,この書類は絶対に写真がないといけないよ」

　　　　　　　　　　……………

　ボクは穴があったら入りたいような気持ちで聞いていました。さっきの決心がすぐに崩（くず）れて,「もういいです。ボクのミスですから,もう帰ります」と言いたくなりました。

◇◇◇

〔問題３〕　そのあと,係の人はどういう結論を出したでしょう？

ア．「書類がそろわないと受験できないので,今回はあきらめてください」
イ．「とりあえず面接を受けて,試験のあとに写真をとってすぐ持ってきてください」
ウ．「面接の順番をあとにまわすので,まず写真をとってきてください」
エ．「受験票の写真をはがしてここに貼（は）ってください」
オ．その他（　　　　　　　　　　　）。

110

そのうち結論がでました。

「しかたないから，受験票の写真をはがして，ここに貼ってもらおう！」

…ボクは係の人たちが探してくれたボクの受験票の写真をミジメな気持ちではがしました。その時のミジメさのせいか，うまくはがれなくて，受験票がやぶれてしまいました。とてもとてもミジメでした。

そして，その写真を例の書類に貼った時，ボクのミジメさは頂点に達しました。

氏名	
住所	
本籍	
他	

←写真のサイズが
　合わない。
　下の字が見えてる。

こんなはずかしい思いをしたのに……。正直，泣きたくなりました。ボクは不合格を確信しました。

そしてそのあと，写真のない，破れた受験票を持って面接に向かいました。……その結果は？

◇◇◇◇◇◇◇◇◇◇◇◇◇◇◇◇◇◇◇◇◇◇◇◇◇◇◇◇◇◇◇◇◇◇◇

〔問題４〕　結果はどうなったでしょう？

ア．A採用（ゆうゆう合格）。
イ．B採用（ぎりぎり合格）。
ウ．補欠合格。
エ．不合格。

ピンポ〜ン！　そうです。その結果、いまボクがここにいるのです。結果は、**Ａ採用！**（東京では、「Ａ採用」「Ｂ採用」「不合格」という基準があり、ボクはいわば一番優秀なグループ）。そう、僕は、みごと（？）、試験に合格したのです！

　自分でも不思議な気持ちになってしまいましたが、いくつか思いつく点もあります。

　とにかくこれだけスタートから失敗したボクは、もう「落ちるに決まっている」と腹がすわっていたのです。ですから、面接でのいくつかの質問などにも、あまり「模範回答」を意識したりすることなく、けっこう思ったとおりのことを言ったりしたのです。

　さらに、「受験票はどうしたんですか？」という当然の質問にも、「写真を忘れてしまったので、受験票の写真をはがして貼ったんです。ほんとにこういう所がボクの欠点です」などと笑いながら答えたりしたのです。そのボクの笑いにつられてか、試験官の偉い先生たちも一緒になって笑ったりしました。かえって、ボクらしさが出てしまったのかもしれません。

　けど、やっぱり、「マグレじゃないか？」という思いはすてられません。そりゃそうだよね。マネしたりしないでね。

*

　もし、東京都に採用にならなかったら、ボクは今頃、私立の女子高の先生です（なかば決まっていました）。「そっちの方がよかったかな〜？」という思いもありますが、考えてみれば不思議なものです。女子高の先生になっていたら、今みんなと一緒にいるなんてことはなかったんだもんね。

　人生、先のことは分からないものです。失敗なのか、成功なのか、その時は失敗だったと思っても、長い人生の中で見たら実は成

功だったなんてことがたくさんある，と心から思います。いや，失敗したからこそ，新しい自分を発見するチャンスになったということがあるのです。

　こんな恥ずかしい失敗をしたボクだもの，みんなにえらそうに言えないよね。けど，一つだけ，この経験でボクが気づいたことだけは，みんなにも知っておいてほしい気がするのです。

　自分で「あっ，ミスしてしまった！」と思った時は，「あ〜，もうダメ！」って落ち込むけど，ミスしたことを隠したり，あわてるよりも，「ミスしてしまった」って認められるといいと思うのです。そうすると，「どうやったらそのミスを挽回(ばんかい)できるか？」って考えられてもくるようです。そもそも，とりかえしのつかないミスはそんなにないのです。

　ミスのおかげでかえってカシコクなれたり，前よりスバラシイ道が開けたり，そして，ミスなんか自分が気にしてるだけで結果には影響なかったり……いろんな場合があります。

*

　今でもボクはいっぱいミスをします。あせって，体が震えそうになる時もあります。けど，そうやってあせっている間，またそれでもダメだった時でも，今のボクは心の中で一つの言葉を繰り返し自分に言い聞かせているのです。

「どちらに転(ころ)んでもシメタ！」※

　……そして，ほんとにそうだなあと強く思うのです。

(1992.1.23/1993.3.14 改訂)

※「どちらに転んでもシメタ」というのは、科学史家で、教育研究者でもある板倉聖宣さんの本『発想法かるた』(仮説社)の中の言葉です。解説文には次のようにあります。

どちらに転んでもシメタ
●条件が変わると見えるものも変わる●

　何か変わったことが起こると何時も「悪いほうに転んだ」と思う悲観的な人がいます。剣道で立ち会っていて相手が少し動いたらいつも「打ち込まれる」と思うようなら、その試合は負けに決まっています。相手が少しでも動いたら「しめた、すきができたぞ」と思えるようになったら、試合に勝てるようになるでしょう。

　何か変化したときは、負ける恐れもある代わりに、その変化をうまく利用して勝つチャンスでもあるのです。いつも悲観的に考えていると、そのチャンスを見過ごしてしまいます。どんな変化のときも、必ず自分に都合のいいチャンスにもなっていることを忘れないことです。

　さて、この話を読んでどう思いましたか？　自分が失敗したときのこと、他の人が失敗したときのことなどを思い出しながら、感想を聞かせてください。

〈ミスした時に〉
―解説―

中　一夫　東京・中学校

❖プランのねらい

　このプランの元になった「ミスした時に」という文章は、もともとは僕が1992年に中学3年生のクラスの学級通信として書いたものです。

　今回、その文章を道徳のプランとして再構成してみました。結果、中学3年生の「進路」の話ということだけでなく、広く「失敗とその考え方」について学べるものになったのではないかと思います。

❖実施報告

　中学生以上を意識して作ったこのプランですが、峯岸昌弘さんは小学6年生で授業を実施してくださいました。この時の授業の評価は、「⑤とてもたのしかった…43％」「④たのしかった…49％」と、とても高いものでした。中学3年生での高い評価はよく知っていたのですが、小学生でも高い評価が得られることで、とてもうれしく思いました。

　峯岸さんの資料から、子どもたちの感想をいくつか紹介します。

▷私も失敗して、「あー、もうだめだ…」と思ったことがあります。そのときは、もういいやと思ってあきらめてしまいました。だけど、この話を聞いて、失敗してもあきらめないで何とかしようと思いました。この話はおもしろかったです。（⑤相澤さん）

▷おもしろかったです。中さんは、こんなものすごい失敗をしているのに、逃げずにその

失敗をチャンスに変えてモノにしてしまうなんて，すごい人だと思った。「どっちに転んでもシメタ！」いい言葉だと思いました。(⑤谷崎さん)

また，峯岸さんはこのプランを特に気に入ってくださって，こんな紹介文まで書いてくださっています。

> 「転んでもシメタ！」の発想を理解することができ，子どもたちを励ましてくれる素敵なプランです。いつでもできますが，受験を控え緊張している子どもたちには最適だと思います。僕のお気に入りプランのナンバー1です。

❖プランの可能性

最初の方にも書きましたが，「ミスした時に」という文章は，もともとは入試本番が近づき，あまりに落ち着かないように見えた中3クラスの子たちに文句を言うつもりで書き始めた学級通信です。それが書いているうちにだんだん気持ちが変わり，いつの間にか自分の試験での失敗談を語るものになってしまったのでした。

ところが，です。この学級通信を子どもたちに初めて読んだとき，子どもたちの「安心した」「不安が減った」という感想の束に，僕自身が言葉を失くしたのをよく覚えています。「子どもたちは不安だから落ち着かなかったんだ」ということに初めて気づき，それ以来僕の進路指導の見方は大きく変わりました（そこから生まれたのが，僕の『たのしい進路指導』仮説社，という本です）。

けれども，「失敗したらどうしよう？」と不安に思うことは，入試だけではありません。そういう意味では，このプランは僕が思っていた以上に，これからも広がっていくかもしれないと思ったりするのです。

道徳教科書のこなし方
―教科書をラクに終わらせるテクニック―

中　一夫　東京・中学校

❖道徳教科書をどうこなす？

　道徳教科化にともなって，これからは道徳の教科書を使っての授業が中心となってきます。この本では，教科書外のプランを紹介していますが，それらのプランを選んで実施する上でも，教科書をうまく「こなして」いくことが必要とされてくるでしょう。

　そこでここでは，一般的な〈道徳授業の進め方〉にとらわれずに自由に教科書を使う方法，しかもラクに教科書を終わらせることができる方法を，3パターンほど紹介したいと思います。

①〈ただ読むだけ〉の授業

　最初に提案するのが，「一時間にいくつもの教材文を取り上げる方法」です。その方法は，中学英語教師であった母（中 和子）が教えてくれたもので，〈道徳教科書・副読本の文をどんどん読んで自分で5段階の評価をつけていく〉という，〈ただ読むだけ〉の授業です。

　最初にみんなに副読本とアンケート用紙（120ペ）を配ります。指示は簡単。「今から教科書の文章を順番に読んで，自分でそれぞれの文章の評価と感想を書いてください。早く読んじゃう人はどんどん進んでください」――それだけです。

　そうすると，子どもたちは1時間，シーンとして読んでいくでしょう。みんなこうやって一人で文章を読むのは好きなんです。そして，自分で読んだ文を評価できるのも面白がられるようです。

　＊ただし，このやり方はお手軽ですが，何回もやると「また～？」と，

子どもも嫌がります。学期に1,2回が適当だと思いますが,そのくらいの頻度でやれば,たぶん教科書のかなりの部分に目を通すことになるでしょう。

ところで,子どもたちはこの〈副読本を読むだけの授業〉で,道徳の本にのっている教材をどう評価するでしょう? かなり昔の道徳の副読本(『中学わたしたちの道徳2年』学研,1990)の最初にでてくる5つの教材を取り上げ調べてみたのが次のグラフです。

生徒が教材につけた評価一覧

「忘れられた巨桜」

「卒業生からの手紙」

「山に憑かれた男」

「一枚の葉」

「心の傷」

0 10 20 30 40 50 60 70 80 90 100%

この結果はなかなか示唆に富んでいると思います。教科書・副読本には,子どもが高く評価する文章が少なく,反対に低い評価が上回っているものさえあるのです。子どもたちの感想には,「何を言ってるのかわからない」とか「ぜんぜん面白くなくて読む気にならない」などというものもあります。もともとの教材文にそれほど子どもたちをひきつける力がないのに,それを「深い学び」にまで引き上げようとしても,先生が苦労するだけという気さえします。

そう考えると,授業がうまくいかなくても,「自分のやり方のせい」と悩まなくてすみそうです。それにまた,「よい教材」というのは,そんなにたくさんはないことも分ると思うのです。

また面白いことに,同じ文章を読んでも,みんなの評価,受け取り方はかなり分かれています。さきの5つの教材のどれを見ても,「良い」「悪い」の両方の評価がついていて,受け取り方が生徒によってまちまちだと

いうことがわかります。これはつまり、「これらの教材を使った授業で、一つの結論、一つのねらいに持っていくのは大変だ」ということです。

道徳の教材も「子どもがどう受け取るか？」という視点で選んでいかなければならないことにも気づきます。

このやり方だと、1時間でいくつもの文章を扱うことになりますから、教科書をさっと終わらせることができます。そうすれば、余った時間に自分の選んだ教材をやる余裕も出てくるはずです。

　　　　　　＊

①は複数の教材を一気に扱うやり方でした。②と③では、1つの教材にじっくり取り組む方法をご紹介します。

②一つの教材をみんなで読み、それぞれが感じたことを発表し合う授業

それぞれが感じたことを感想に書いてもらって、発表し合う授業です。感想は、教師が読み上げるのでも、生徒に読み上げてもらうのでもかまいません。この授業は、「それぞれの受け取り方、感じ方の違い」を意識することのできる、得難い経験になることがあります。

たんたんと読み、感想をまたたんたんと発表するだけの授業なのに（だから？）、一人ひとりがそれぞれの感想からさらに考えを膨らませることができます。

③教科書の教材に、問題や選択肢をはさんで予想してもらいながら読む授業

〈道徳プラン〉の授業のやり方を、そのまま教科書に応用しただけです。教科書の文章でも、問題と選択肢を挟んで先を予想しながら読むと、子どもたちはずっと興味を持って取り組んでくれます。これには、佐藤弘道さん（茨城・小学校）の「読み物教材をたのしくする〈予想読み〉の授業」（『どんどん読んで書きたくなる国語』仮説社）という記事が大いに参考になるでしょう。

ただ，各自が教科書を見ていると先がわかってしまうので，先生が読むか，あらかじめ先の展開が分からないように文章を区切ったプリントを用意する必要があります。

道徳副読本を読んでみよう

年　　組　氏名

	題名	評価	感想
1			
2			
3			
4			
5			
6			
7			

評価　（数字を記入）
5　とてもおもしろかった　（また読みたい）
4　おもしろかった　（読んでよかった）
3　おもしろくもつまらなくもない
2　つまらなかった　（読んでガッカリ）
1　とてもつまらなかった　（二度と読みたくない）

B 主として人とのかかわりに関すること

授業プラン
〈ホンダ君と私〉

□小学校低学年から
□関連する内容項目
▶B「相互理解,寛容」
▶A「善悪の判断,自律,自由と責任」／「節度,節制」

原　文　　**長嶋照代**　埼玉・小学校

プラン作成　**中　一夫**　東京・中学校

❖内容紹介

　男の子が女の子にいじわるしてしまうことって,小学校ではよくあることでしょう。でも,じつはその理由は「その子のことが好きだから」だったりで,男の子は気持ちの表し方を知らず,いじわるすることでしか,女の子の気をひけなかったりするのです。けれども,いじわるされた女の子はどう思っているのでしょう？

　男の子の気持ち・女の子の気持ちがわかるだけでなく,気持ちの伝え方やなどについても,自然に思いが広がるプランです。たのしい雰囲気の中で,〈いじめ〉についても学べます。小学校低学年から実施可能です。

ホンダ君と私

2010.6.11

原　文　　長嶋照代
プラン作成　　中　一夫

　次に紹介するお話は，ある小学校の先生が自分の小学生時代の思い出を語ったものです。

＊　＊　＊

　私は小学校のとき，学校でぜんぜん口がきけなくて，よく先生を心配させてたの。声を出すのは，朝の健康観察のときだけで，休み時間は一人でお絵かきをしてたの。５年生のときもそうでした。
　（子どもたちの声：エ～，信じられない！）
　人前に出ると顔がトマトみたいに真っ赤になっちゃうのがはずかしかったみたい。ところが，そんなおとなしい私を（笑），毎日いじめるホンダ君という男の子がいたのです。
　今でも忘れられない３つのいじわるがあります。なんだと思う？

〔質問１〕　ホンダ君のやった３つのいじわるを考えてみましょう。まずは，いちばん軽いもの。さて，何でしょう？　思いつくものを出し合ってみましょう。

❖ホンダ君のいじわる
──その①：三つ編みのゴムをとる

登校するときは
三つ編み

ホンダ君にゴムを
とられて泣く

下校するときは
2つに結んでいた

　すぐに泣くし，なにも言わないのがおもしろかったみたい。そのうちにホンダ君は2つ目のいじわるをしたの。何だと思う？

◇◇

〔質問2〕　2つめのいじわるは，前よりいやがられるようなものでした。さて，何でしょう？　思いつくものを出し合ってみましょう。

❖ ホンダ君のいじわる
――その②：あいあい傘をかく

私のとなりの席に，ヒトシ君という男の子がいました。算数の時間に教科書カバーが余ったからって，一枚くれたのね。だから，2人で同じカバーをつけていたの。そしたら……。

なんとホンダ君は通学路の電柱すべてに，あいあい傘を書きまくったのです。家までのキョリ約2キロメートル。油性ペンで書かれた名前は雨が降っても落ちません。

おまけに，そのとき好きだったナオキ君にまで……。

ホンダ君って，なんてイヤなヤツなんだろう！ キライ‼と心の中では思っていても，なかなか行動にはうつせないのね。
ますますおもしろがるホンダ君。3つ目はどんないじわるをしたのでしょう？

◇◇◇◇◇◇◇◇◇◇◇◇◇◇◇◇◇◇◇◇◇◇◇◇◇◇◇◇◇◇◇◇◇◇◇◇◇◇

〔質問3〕 さいごのいじわるは，いちばん重いものでした。さて，何でしょう？ 思いつくものを出し合ってみましょう。

❖ ホンダ君のいじわる
　──その③：石を投げる

　帰る方向が同じだから，なぜか帰りはホンダ君と一緒になっちゃうのね。いつも「ヒトシーッ」（あいあい傘の人）とか，怒鳴ってくるから無視していたら，その日は石を投げてきたの。
　どんくさい私は逃げることもせず，見事に頭に命中。血がポタポタ……。

　その後，先生にも親にもさんざん怒られたホンダ君は，ピタリといじわるをしなくなりました。目が合うと私はビクッてするんだけど，ホンダ君はなにも言いませんでした。

*

　6年生になりました。ある日，あのホンダ君から手紙が来たのです。

◇◇◇◇◇◇◇◇◇◇◇◇◇◇◇◇◇◇◇◇◇◇◇◇◇◇◇◇◇◇◇◇◇◇◇◇◇

〔質問4〕　それはどういう手紙だったのでしょう？

　ア．ラブレター。
　イ．非難の手紙。
　ウ．謝りの手紙。
　エ．その他（　　　　　　　　　）。

ラブレターでした。

ホンダ君はいじめることで気をひきたかったのね。

でも,さんざんいじわるされたから,「ホンダ君だけは,ぜったいヤダっっ!!」と思っていました。うまくいかないねぇ。

こんな詩,知ってる？

> **うち　知ってんねん**　　　島田陽子
>
> あの子　かなわんねん
> かくれて　おどかしやるし
> そうじは　なまけやるし
> わるさばっかし　しやんねん
> そやけど
> よわい子ォには　やさしいねん
> うち知ってんねん
>
> あの子　かなわんねん
> うちのくつ　かくしやるし
> ノートは　のぞきやるし
> わるさばっかし　しやんねん
> うち　知ってんねん
> そやけど
> ほかの子ォには　せえへんねん
> うち　知ってんねん
>
> そやねん
> うちのこと　＿＿＿＿＿＿　ねん
> うち　知ってんねん
>
> (『島田陽子詩集　うち知ってんねん』教育出版より)

〔質問５〕　＿＿＿＿＿＿　にはどんな言葉が入るでしょう？

答え　**かまいたい** ねん

　よく女の子にちょっかいを出している男の子がいて,「先生,○○くんがぶった」とか言われるけど,きっと気になる存在なのでしょうね。でも,やりすぎるときらわれちゃうから,気をつけてね。
　ちなみに,私は好きだったナオキくんには「好き」と言えなくて,ずっと片思いでした。「好き」って,ちゃんと言った私の友だちと,このあいだ結婚しました。
　「気持ちを正直に伝える」って,勇気がいるけど,ちゃんと言わなきゃ相手には伝わらないんだね。
　(センセー,ホンダ君は?)
　バスの運転手をやっているって,同窓会で言ってましたよ。とっても元気そうでした。

＊　＊　＊

　さて,この文章を読んでどう思いましたか。感想などを教えてください。

〈ホンダ君と私〉
―解説―

中　一夫　東京・中学校

❖プランのねらい

このプランの元になった「ホンダ君と私」という文章は，小学校の先生である長嶋照代さんが，自分が体験した小学校時代のいじわるを，子どもたちに向けて話したときのものです（『たのしい授業』No.257掲載）。

このお話は，いじわるをした側，された側の思いを素直に伝えていて，それぞれの子どもに気持ちの伝え方をはじめ，いろんな思いを誘うだろうと思います。特に小学校などでは，「男子が女子に，好きだからちょっかいを出す」といったことは多く見られるのではないでしょうか。だから，男の子・女の子の心理に触れるという意味でも，さまざまな効果があるだろうと思います。

長嶋さんのクラスでは，このお話をした後，「それまで仲の悪かったクラスの男の子と女の子が仲よしさんになっちゃった」そうです。けれども，長嶋さんのように目に見えてクラスにいい影響が出るという場合は少ないでしょう。あまり期待を高くもったりせずに，道徳の時間を，しかもこのような「いじわる」の話題を，たのしく考えられる貴重な機会として，このプランを利用していただければと思います。

❖授業の評価と感想

峯岸昌弘さん（群馬・小学校）の小学校6年生での授業記録から，子どもたちの感想を中心に紹介します。

□対象：小学6年生（26名）

5段階評価
- ⑤とてもたのしかった
- ④たのしかった
- ③どちらともいえない
- ②つまらなかった
- ①とてもつまらなかった

```
         20        5 1
0  5  10  15  20  25  30  35  40人
```

▷とてもおもしろくて，よくやってきそうないじわるでした。（男子⑤）

▷悪いことをしたのに，好きだったなんて，どんだけだと思いました。すっごくおもしろかったです。（男子⑤）

▷ホンダ君がてるよさんにいじめをしていたのが不思議でした。でも，すごくおもしろかったです。（男子⑤）

▷お話もおもしろかったけど，質問のたびに出てくるいろんな答えがおもしろかったです。（女子⑤）

▷てるよさんがかわいそうだと思います。石を投げられて，頭から血が出るなんて…。かわいそうでした。（男子⑤）

▷ホンダ君はいじわるをしてひどい。てるよさんがかわいそう。ま，恋は，そんなに簡単なもんじゃない。ちゃんと告白しないと，自分の心の思いがつたわらない。（女子⑤）

▷ホンダ君のいじわるがひどいと思いました。なにかされたときに何も言えないのが，よくわかりました。石を投げるのはひどすぎだと思います。（女子④）

▷ホンダ君はてるよさんにいじめをしたのに，ラブレターを渡すとは思いませんでした。おもしろかったです。（女子④）

▷町中の電柱に相合い傘なんて，ただのいじわるにしては，よくそんなにやったなと思いました。（男子④）

▷おもしろかったです。言いたいことは言ったほうがいいと思いました。（女子④）

▷てるよさんが，かわいそう。でも「イヤ」って言えないから，言ったほうがましだと思った。（女子③）

❖授業者の感想——峯岸昌弘

「いじわる」という言葉はおもしろいなぁと感じました。「いじわる」という言い方になるだけ

で，内容的には「いじめ」にあたるようなことも，陰湿感が軽減され，子どもたちは発言しやすくなっていると思いました。「わざとではないにせよ，結果的にひどいことになっている」という内容は，「いじめ」も「いじわる」も変わらないと思うのですが…。

　子ども達は自分がしたことやされたことを思い出して，たくさん意見を出してくれましたが，非常にたのしそうでした。子どもの感想には出ませんでしたが，思いの伝え方が逆になってしまうという点もおもしろいですね。「伝え方が下手だ」といったら，それはそうなのですが，人間誰しもそういう時期があります。大人になってもそういう人がいます。「だからコミュニケーション能力を育てるんだ」というのが主流のようですが，「思いが強いと，逆の態度になって出てしまうことがあるんだ」ということを，受け手側が知識として知っているだけで，人間関係が円滑になることもあるのだろうなぁと思いました。

　とてもシンプルでやりやすく，「いじめ」についても考えていける深いプランだと思います。また，小学校低学年から高学年まで幅広くたのしめるものだと思います。

授業プラン
〈やっつけてやる〉

□小学校低学年から
□関連する内容項目
▶B「親切,思いやり」／「相互理解,寛容」
▶C「よりよい学校生活,集団生活の充実」など

四ヶ浦友季 北海道・小学校

イラスト　伊藤友実

❖内容紹介

　小さくて色の黒い女の子のユウキは,同じ保育所の男の子たちからからかわれてばかり。そのことをお父さんに度々訴えていたのですが,あるとき,お父さんが「やっつけてやるから,その子たちのところに連れて行け」と言います。

　どんなふうにして「やっつける」のか,ドキドキのユウキ。

　だけど,お父さんが男の子たちにしたのは,ただの「お話」でした。さて,次の日,保育所に行くと男の子たちは——？

　「ユウキの気持ち」「男の子たちの気持ち」「お父さんの気持ち」——子どもたちは,それぞれの立場の気持ちを想像し,「自分なら,相手に対してどうするか」「どんな伝え方をするか」を考えます。

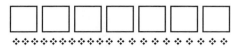

＊お話の題は、最後に紹介します。
どんな言葉が入るか考えながら読んでみてください。

プラン作成　四ヶ浦友季

今もそうだけれど、子どもの頃の私はチビで肌の色が黒かった。おかげで、保育所の頃、そのことを男の子によくからかわれた。そのころ、『となりのトトロ』が初公開で大ブレイクとなったのだが、当然の展開として、男の子が私をからかう言葉に「まっくろくろすけ」が加わり、トトロ大ブレイクの陰でひとり大迷惑を被ることとなった。

そんな私は、小さかったころのことをたくさん覚えている。これは、そのユウキの物語である。

＊＊＊

男の子たちに「まっくろくろすけ」と、からかわれていたユウキ。それでも男の子と遊ぶのは好きで、団地の中に保育所の男の子たちの集団を見つけると、その子たちのところへかけていった。そんなとき、男の子たちは…

〔問題1〕
男の子たちは，どうしたでしょう？

予想
ア．すぐに仲間に入れてくれた。
イ．「女は仲間に入れてやらない」と言った。
ウ．走って逃げた。
エ．その他（　　　　　　　　　　　）。

そんな時,男の子たちは,決まって「わー,ユウキがきた〜！」と,おもしろがって逃げるのであり,ユウキはいつも必死でそれを追いかけていた。追いかけ続けるユウキに対し,男の子たちは逃げるのをやめようとせず,ついにユウキは足を止めて泣きだす,というのがパターンだった。

◇◇◇◇◇◇◇◇◇◇◇◇◇◇◇◇◇◇◇◇◇◇◇◇◇◇◇◇◇◇◇◇◇◇◇◇◇◇

〔問題2〕
　泣きだしたユウキを見て,男の子たちは,どうしたでしょう？

予想
　ア．余計におもしろがって,からかった。
　イ．無視することにした。
　ウ．あやまった。
　エ．その他（　　　　　　　　　　　　）。

「後ろを振り向いたら,追いかけてくるはずのユウキが立ち止まって泣いていた」という状況に,男の子たちは慌てた。そして,わらわらとユウキに近寄り,「ごめん」「ユウキちゃん,ごめん」とあやまった。それで,ようやく遊びの中に入れてもらえたのである。

男の子たちに悪気はなかったとはいえ,ユウキはそんな状況にけっこう傷ついていた。そして,家でそのことをたびたびお父さんやお母さんに訴えた。その度にお父さんは…

◇◇◇◇◇◇◇◇◇◇◇◇◇◇◇◇◇◇◇◇◇◇◇◇◇◇◇◇◇◇◇◇◇◇◇◇◇◇◇

〔問題3〕
　お父さんは,何と言ったでしょう？

予想
　ア.「お父さんがやっつけてやる」
　イ.「負けるんじゃないぞ」
　ウ.「ほっといて,他の子と遊びなさい」
　エ.「お母さんに何とかしてもらいなさい」
　オ.その他（　　　　　　　　　　　）。

その度に, お父さんは「じゃあ, お父さんがやっつけてやる」と言うのであったが,「他のうちの子をお父さんがやっつけるなんていうことはありえない」とユウキは思っていたし, 実際, それが実行に移されることはなかった。

　だけど, ある日,「やっつけてやるから, その子たちのところに連れて行け」と, お父さんが言ったのである。夕方のことだった。

「…あの子たちだよ」

　男の子たちとちょっと離れたところから, ユウキは指さした。

「よし」

　オレンジ色の薄暗がりの中を, お父さんはゆっくりと男の子たちに近づいていった。いよいよやっつけるのである。

──どうやってやっつけるんだろう。

　ちょっと怖いような気持ちになりながら, ユウキは男の子たちに近づいていくお父さんを遠くから見つめていた。

　お父さんが, ついに男の子たちのところに立った。

　男の子たちは, 遊ぶのをピタッとやめたようだった。

◇◇◇◇◇◇◇◇◇◇◇◇◇◇◇◇◇◇◇◇◇◇◇◇◇◇◇◇◇◇◇◇

〔問題4〕　お父さんは, 男の子たちにどうしたでしょう？

予想

　ア. 怒鳴りつけた。
　イ. 怒鳴って, いためつけた。
　ウ. 普通に話しかけた。
　エ. 笑顔で頭をなでた。
　オ. その他（　　　　　　　　　　）。

- 5 -

137

静止した時間が流れた。
お父さんは,立っているままだった。
男の子たちも,動きを止めたままだった。

何も起こらなかった。…ように,ユウキには見えた。
お父さんは,ユウキのところに戻ってきた。
「…お父さん,怒ったの?」
ユウキは,小さな声で尋ねた。
「別に怒ってないよ。ちょっとお話しただけ」
——おはなし?!
ユウキは愕然とした。「やっつけてやる」なんて強そうなことを言っておきながら,お父さんがしたのは,ただのお話だったのである。

もうダメだ。明日,保育所に行ったら,ユウキは男の子たちから「おまえ,お父さんに言っただろ!」と言われるに決まっているのだ。ああ…。

どんより暗い気持ちになりつつ,ユウキはイクジナシのお父さんにほとほとがっかりしたのだった。

次の日,保育所に行くと,思った通り,男の子たちがユウキに近づいてきた。
——ほら,きた!
身構えるユウキに,男の子の1人が言った。

〔問題5〕
男の子は，何と言ったでしょう？

予想
　ア．「お父さんに言いつけやがって！」
　イ．「ごめんね」
　ウ．「一緒にあそぼ！」
　エ．その他（　　　　　　　　　　）。

「ユウキちゃん,ごめんね」
そして,別の男の子が言った。
「おまえの父ちゃん,(　　　　　)なあ!!」

〔問題6〕
　男の子は,ユウキのお父さんはどうだったと言ったでしょう?

予想

　ア.「やさしかった」

　イ.「こわかった」

　ウ.「ヘンな人だった」

　エ.その他(　　　　　　　　　)。

「おまえの父ちゃん、こわかったなあ!!」
「ほんと、こわかったなあ!!」
みんな口々にそう言った。
ユウキは自分の耳を疑った。
こわかった?! ただ立って、お話しただけなのに?!
ユウキには、信じられないことだった。

だけど、その日から、男の子たちはユウキをからかうのをピタッとやめた。
お父さんは、なぐったり怒鳴ったりせず、静かにお話するだけで男の子たちを「やっつけた」のである。

◇◇◇◇◇◇◇◇◇◇◇◇◇◇◇◇◇◇◇◇◇◇◇◇◇◇◇◇◇◇◇◇◇◇◇

〔質問〕
…ということで、このお話の題は「やっつけてやる」なのですが、さて、あなたがユウキのお父さんだったら、男の子たちにどういうことを話しますか? お父さんになったつもりで、書いてみてください。

＊

　ユウキのお父さんは,「君たち, いつもユウキと遊んでくれてるんだね。また一緒に遊んでやってね」と, 男の子たちにお話したそうです。

　あなたは, それについてどう思いますか？「それのどこが, こわかったんだろう？」と, ふしぎに思ったでしょうか？

　男の子たちが一緒に遊んでくれるようになったのがとってもうれしかったのを, 大人になったユウキは今でも覚えています。

　最後に, このお話を読んだ感想を聞かせてください。

〈やっつけてやる〉
—解説—

四ヶ浦友季　北海道・小学校

　このプランは，私の子ども時代のことを描いた『ちびくろユウキ』という私家本の中に収録されている「やっつけてやる」というお話を，子どもたちと授業で楽しめるようにプラン化したものです。

　保育園児の頃の私は，父が「ユウキをからかう男の子たちを，お父さんがやっつけてやる」と言った時，「お父さんは男の子たちを怒鳴って，殴りかかるのだ」とばかり思っていました。だけど，父は男の子たちに話をしただけで，完全に拍子抜け。それでも，男の子たちは次の日からからかうのをやめ，一緒に遊んでくれるようになりました。

　「殴ったり，どなったりしなくても，男の子をやっつけちゃった！」ということが，小さい私にはどこか不思議で，その分，そのことは強く記憶に残りました。

　小さなユウキ同様，子どもたちにとっても，お話の内容は，様々な思いを誘うようです。

❖実施報告①
□授業者：中　一夫（東京・中学）
□対象：中学２年生（32名）
□予想分布

＊（　）内の数字が人数の概数です。予想分布や意見については，授業する際の参考にしてみてください。なお，このときは主人公の呼称を「ちびくろ」のままで授業しています。

〔問題１〕男の子たちは，どうしたでしょう？
　ア．すぐに仲間にいれてくれた。（１）
　イ．「女は仲間に入れてやらな

い」と言った。（2）
　ウ．走って逃げた。（たくさん）
　エ．無視した。（5）
　オ．その他。（0）
〔問題2〕今度は，男の子たちは，どうしたでしょう？
　ア．余計におもしろがって，からかった。（たくさん）
　イ．無視することにした。（6）
　ウ．あやまった。（1）
　エ．その他。（0）
〔問題3〕お父さんは，何と言ったでしょう？
　ア．「お父さんがやっつけてやる」（3）
　イ．「負けるんじゃないぞ」（たくさん）
　ウ．「ほっといて，他の子と遊びなさい」（5）
　エ．「お母さんに何とかしてもらいなさい」（2）
　オ．その他。（0）
〔問題4〕お父さんは，男の子たちにどうしたでしょう？
　ア．怒鳴りつけた。（2）
　イ．怒鳴って，いためつけた。（1）
　ウ．普通に話しかけた。（15）
　エ．笑顔で頭をなでた。（15）
　オ．その他。（0）
〔問題5〕男の子は，何と言ったでしょう？
　ア．「お父さんに言いつけやがって！」（2）
　イ．「ごめんね」（7）
　ウ．「一緒にあそぼ！」（たくさん）
　エ．その他。（0）
〔問題6〕男の子は，ユウキのお父さんはどうだったと言ったでしょう？
　ア．「やさしかった」（12）
　イ．「こわかった」（8）
　ウ．「ヘンな人だった」（11）
　エ．その他。（0）
〔質問〕あなたがユウキのお父さんだったら，男の子たちにどういうことを話しますか？
⇒「次やったら許さない」
⇒「お前たちの親に言うぞ」
⇒「けいさつに言うぞ！」
⇒「君たちいつもユウキとどうやってあそんでいるの？」
⇒「どうして娘にいじわるするんだ。ゆうきはただ君たちと遊びたいだけなのにかわいそ

うだ。自分が同じことされたらいやだろ。自分がされていやなことはするんじゃない」
⇒「なんでうちのユウキをいじめるんだ？ 理由もないのにいじめるのか？ ユウキと仲良くしてくれ。顔が黒いとか生まれつきなんだからしょうがないでしょ。〈君の顔，どうにかしろ〉って言われてるようなもんだよ」
⇒「うちの子はねぇ。家に帰ってくるといつも君たちの事で泣いてるんだよ。だからもうこんなことはやめてくれないか？ うちの子と遊んでやってくれよ！」
⇒「君たち，女子だから差別してるんじゃないのかな？ 女子だって，男子より好奇心おうせいな女子や，すごく元気な女子もいる。そういう女子とふれあうことも大事なんじゃないのかな〔ムカムカマーク〕。分かってくれればいいんだ」
⇒「うちの娘といつも遊んでくれている子たちだね？〔空気がかわる〕君たちに悪気は無いのだろうけれど，逃げたりするのをうちの娘がいやがっているんだ。うちの娘も仲間に入れてくれないかな〔顔の影MAX〕」←私だったらこう言うかな。

❖子どもたちの評価と感想

5段階評価
■⑤とてもたのしかった　■②つまらなかった
■④たのしかった　　　□①とてもつまらなかった
■③どちらともいえない　□不明

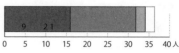

▷やっつけ方もいろいろあると思いました。面白かったです。(男子④)
▷すごくいい話だと思った。ユウキが，お父さんに助けを求めて正解だと思った。(男子④)
▷今回，すごくおもしろかったです。お父さんは，口だけで子どもをやっつけたので，大人だなあと思いました。もう，中学生も大人だから，口で解決できるようにしたいです。(男子④)
▷お父さんがすっごく怖い存在

になっててビックリしました。冷静に怒る大人はすごく怖いんだけど、お父さんは怒ったわけでもないのに…と思いました。だけど、お父さんは遠まわしに「一緒に遊んでやれ」と言って、それが子どもたちに伝わったんじゃないか…と思いました（女子④）。
▷お父さんはやさしかったんじゃなくてこわかったっていうことにビックリした。お父さんがしゃべったかんじは、真剣な目で男の子たちとしゃべったんじゃないかと思う。内容はわからないけど…。最後の話（10ページ）を読んでみて、お父さんが言ったことはある意味怖いと思いました。多分私が男の子の立場でそんなこと言われたら、苦笑いしてユウキちゃんにあやまろうと思うと思います。（女子⑤）
▷この場面で、お話して怒るとしたら僕は全く思い浮かぶ台詞がありません。お話して、恐いと思わせるなんて、僕には全くできませんねぇ。四ヶ浦先生のお父さんは、すごい人ではないのかなあと思います。（男子⑤）
▷保育所の子たちも、泣いちゃったら謝るからえらいと思った。自分がちびくろのお父さんだったら、もっときびしく言ってると思うから、この人はすごいと思った。（男子④）

*

この授業は、私が中さんのクラスにお邪魔したとき、目の前で実施してくださったものです。このプランが授業にかけられるのは初めてだったということや、「中学生には特に感じるものがないプランかもしれない」という思いもあったため、目の前の子どもたちがどう反応するか、すごくドキドキしました。中学生が喜んでくれるか、全然自信がなかったんですが、目の前で楽しそうに授業を受けてくれて、こんな感想を書いてくれたことが本当にうれしかったです。

授業プラン
〈ライバル〉

□中学校から
□関連する内容項目
▶ B「友情，信頼」
▶ A「希望と勇気，努力と強い意志」

原　文　　**前田健二**　東京・中学校

プラン作成　**中　一夫**　東京・中学校

協力：四ヶ浦友季　北海道・小学校
　　　山田岳史　岡山・中学校

❖内容紹介

　高校時代のライバル同士のお話です。同じバスケットボール部で同じポジションを争う二人。お互い，相手に負けまいと，練習も全く手を抜けません。最初はまったく仲良くなかった二人が，いつしか相手の実力を認め合うとともに，相手の存在のありがたさにも気づくのです。「苦手・嫌い」と思うような人も，自分を成長させてくれる存在になりうるということに気づかせてくれます。

　主に中学校以上で大好評なプランです。一時間で十分余裕をもって実施できると思います。

ライバル

2015.6.23 初版／2018.3.3 改訂版

原　文　　前田健二

プラン作成　　中　一夫

　今日は，私のライバルについての話をします。

　その人は，同じ高校のバスケットボール部にいた山田君。高校1年の最初の頃，新入部員もたくさんいたので，出身中学もクラスも違う彼は，すれ違っても「あれ，この人バスケ部だっけ？」というような存在でした。けど，山田君は私と体形，特に手足の長さが似ていて，同じような背丈・格好だったんです。

　そんな山田君，当時はあまりバスケが上手くなくて，バスケには自信を持っていた私から見たら，はっきり言ってバスケのシロウトと同レベルだったと思います。

　ただ，彼は人一倍〈しつこさ〉を持っていました。

　山田君は練習中，常に私の後ろを影のように張り付いてくるのです。後ろから「フンフン」と彼の鼻息の音が常に聞こえてきました。その鼻息で彼のことを覚えていくようになりました。そのころの彼の印象は，「鼻息山田君」でした。

　練習も厳しくなり，夏休み前には新入部員がどんどん辞めていき，半分ほどになりました。そんな中，シロウト同然だった山田君はま

だ残っていました。

　それどころか、彼は少しずつ変化してきていたのです。

　私がそれに気付き始めたのは、部活の最初にやる長距離走でした。前は圧倒的に引き離していたのに、いつのまにかぴったり後ろにマークされるようになっていました。

　山田君は朝練に私より早く登校して、放課後練は私より遅く下校するようになりました。そして、私と同じポジションの練習を行うのです。

　ここまでくると、「何か、いつもいるな……」と感じるようになります。

◇◇

〔問題１〕

　　私は、山田君のことをどう思うようになったでしょう？

ア．ライバルとして危機感を感じるようになった。
イ．イライラして、うとましく思うようになった。
ウ．「がんばってるな」と、認めるようになった。
エ．その他（　　　　　　　　　　　　　　）。

この山田君の独特なしつこさに、正直、私は嫌気がさして、ほとんど口を聞かなくなりました。彼は私をいらいらさせる存在へと変化していったのです。

*

　そして、ついに新チーム発足です。私はキャプテンになり、もちろんスタメンです。影のようについてきた山田君は、有望株の後輩にも自分のポジションを譲らず、私と同じポジションの控え選手として成長を遂げています。

　ここから彼にポジションを奪われるのではないかという、私と山田君のチーム内競争が激化していきます。きっと山田君のスタメンになりたい気持ちは、私より強いはずでした。練習中から火花散る攻防の連続でした。

　このころの山田君は、購買（校内の小売店）で私と同じパンを買ったり、同じジュースを飲んだりしました。あげくのはてに、カラオケで私が先に歌った歌を、すぐに歌ったり……。明らかに私は〈ロックオンされた〉（狙いをさだめられた）状態でした。

◇◇◇

〔問題２〕

　　そういう状態に対して、私はどうしたでしょう？

ア．山田君をあくまで無視した。
イ．そんな山田君にだんだん慣れていった。
ウ．我慢できなくなり、山田君につめよった。
エ．その他（　　　　　　　　　　　　　　　）。

私はついに我慢（がまん）できなくなり、山田君に詰（つ）め寄（よ）ります。
「お前、マネばっかりするな。イライラするんだよ！」
それに対しての彼の反応は……，

◇◇

〔問題３〕

　「マネばっかりするな！」という私に，彼はどう答えたでしょう？

ア．「うるせえ！」
イ．「別にマネしてないし」
ウ．「自意識過剰（じいしきかじょう）」
エ．「そんなつもりじゃないよ」
オ．「ごめん。気にさわった？」
カ．その他（　　　　　　　　　　　　　）。

「自意識過剰」のひとこと。
沸点はマックスになり，大ゲンカに発展しました。

*

大ゲンカした後日，同じ中学校出身の仲良しの後輩との帰り道のことです。私は後輩にグチりました。
私「すげー，むかつく。山田は何でもマネばっかりするよな」

◇◇◇

〔問題４〕

　　後輩は，その言葉にどう答えたでしょう？

ア．「ほんとに腹立ちますよね。よくわかります」
イ．「そうですか？　そんな風には見えませんけど……」
ウ．「でも，うかうかしてられませんね」
エ．「２人の関係，最高じゃないですか」
オ．その他（　　　　　　　　　　　　　　）。

後輩「でも，2人ですごく頑張っている関係なんて，最高じゃないですか」
私「本当はパートナーだって嫌だけど，練習にはなるんだよ」
後輩「山田さん，上達してますよ」

　後輩の言い方に，まるで自分が山田君に負けつつあるような錯覚にも陥り，動揺して必死に主張している自分がいました。

私「負けるわけねーだろ……（汗）。俺の方がうまい！」
後輩「そういうのって，ライバル関係ですよね」
私「ライバル？　あいつが？」

　自分の思いとは違い，まわりの見方はもはや二人はライバル。正直，どっちが試合に出てもおかしくはなかったのです。
　入部当初は，ぶっちぎって俺のほうが上手だったのに……。

　そんな気持ちになると，やっぱりそこは高校生です。負けたくない精神に火がつきました。
　山田君にだけは絶対に負けたくない。
　それから練習にはさらに力が入ります。
　けれども，さらに練習を重ねるけど，やっぱり後ろには山田君がついてくる。いつも彼との争いです。明らかに彼も争ってくる。
　こうなると，もう毎日気が抜けません。シュートを落とせない。走るスピードも落とせない。少しでもさぼると，山田君がすごくいいプレイをする。
　もう山田君は立派なライバルでした。

ある試合で私は4つファールをしてしまい（5つのファールで退場になってしまうので），私の替わりに山田君がコートに立ちました。私は「頼むぜ」という気持ちと，「自分よりいいプレーをしたらどうしよう」という気持ちが入り交ざりながら，彼のプレーを見ていました。

　その試合で，彼は本当に良いディフェンスをしていました。相手の動きを上手に防いでいました。そして，認めたくないけど，私には真似(まね)できない〈しつこい山田君〉を象徴(しょうちょう)している動きでした。

　彼の活躍もあって，その試合は勝つことができました。

◇◇

〔問題5〕
　　試合後，私は彼に何と声をかけたでしょう？

ア．「ナイスディフェンス，助かったよ」
イ．「なかなかやるじゃん。見直したよ」
ウ．「まだまだだね。負けないぜ」
エ．全く声をかけなかった。
オ．その他（　　　　　　　　　　　　　　　　　）。

試合後，私は彼に声をかけました。
私「ナイスディフェンス。助かったよ。監督(かんとく)に叱(しか)られるの，半減したよ」
山田君「そりゃ毎日，戦ってるからね。練習より楽勝だよ」
私「でも，俺には一生勝てないよ」
山田君「最後の大会には，俺がスタメンだよ。絶対奪(うば)うから」

　短いやりとりだったけど，彼との関係がぐっと深まった瞬間でした。
　それからはお互い何を感じているか，何を考えているかをよく話すようになりました。……それでも嫌(いや)なやつでしたが……。
　2人で協力して全国大会に出場することが目標になりました。

*

　そして，あっという間に月日は流れ，とうとう高校最後の大会がやってきました。

〔問題6〕
　　高校最後の大会，2人は勝ち進んで全国大会に出場できたでしょうか？

ア．できた。
イ．できなかった。

最後の県大会，私はスタメン，彼は控えでした。

２回戦は私がフルタイム出場で，彼の出番はありませんでした。３回戦は，私は前半だけで，後半は彼が私の替りに出場しました。彼は私以上に活躍して，帰りのバスの中，鼻歌まじりだったのが妙にムカツキました。

そして，ベスト８をかけた試合では，スタメンだった私も途中から出た山田君もまったく活躍できず，とっても後悔の残る試合で，チームはまさかの敗退。私たちの夢は終わりました。私にとって後悔で終わった高校時代でした。

*

時は過ぎ，私は東京の大学に，山田君は地元の大学に進学しました。私は大学でもバスケづけの毎日でしたが，山田君は，バスケットをやめてしまいました。

◇◇

〔質問〕

山田君はなぜその後，バスケをやめたと思いますか？ 彼が答えた理由を思いついたら，出し合ってみてください。

連絡をとってみると,彼はこう答えました。
「だって,もう燃えないよ。嫌味(いやみ)なやつがいないんだよ……」
相変わらず失礼な返答でした。けれども,じっさい,私も高校卒業してからの練習を,「たのしい」とか「集中して」と思えなくなっていました。
やっぱり,私たちはお互いにとってなくてはならない〈ライバル〉だったのです。

*

あなたにも〈ライバル〉と言えるような人はいますか? 張り合いたくなるような人はいますか?
負けず嫌い同士の意地の張り合い。私の場合のライバルは,認めたくない嫌なヤツでした。そのうえしつこくていらつく存在でした。けれども,悔(くや)しいけど,そういうヤツが自分の能力を高めてくれたのです。そして,何より自分に意欲を与えてくれていたのです。彼と張り合っていたころのバスケの練習は,たしかに私も燃えていました。
彼のことを思い出すと,あらためて「自分を高めてくれる存在は,好きな人だけではない」と思います。「この人苦手だな」と思う人も,結果的には自分を高めてくれる人かもしれないのです。「私は,嫌いなチームメイトに鼻っ柱(ばしら)を折られて,成長してきたんだな」って,いま,あらためて思うのです。

このお話を読んでどう思いましたか? 感想を教えてください。

〈ライバル〉
―解説―

中　一夫　東京・中学校

❖プランのねらい

　このプランは，私と同じ学校・同じ学年に所属する体育の先生，前田健二先生が，「学年集会」で子どもたちにした話をもとに作成したものです。前田先生はバスケットボールの専門家で，日本一になったことがある選手でもあります。

　このお話は，その前田先生の中学時代の部活動の思い出で，学年集会でも子どもたちに深い感動を与えました。今回，紹介するプランは，前田先生が用意したメモをもとに，中がさらに書き加えをお願いし，大幅に加筆訂正してもらったうえで，問題などをつけ加えたものです。

　前田先生の話をもとにしたプランには，この〈ライバル〉のほかに，〈忘れられない試合〉*があります。感動的なそのプランは，前田先生の中学時代の部活動の思い出を扱ったもので，今回のプランはその続きにあたる高校時代のバスケットボール部での話です。

　同じポジションを争う同級生がお互いを徐々にライバルと認めていき，二人ははげしい競争を繰り広げます。決して仲良しでなかった二人のライバル関係は，それぞれを成長させていきます。そういう「張り合いたくなる存在」「自分にとって嫌な存在の人」が，いまの自分の成長にもつながっていることなど，人間関係のさまざまな面を学ぶプランになっています。

* 〈忘れられない試合〉は「中　一夫・作　2013-14年新作道徳プラン5本セットCD-ROM」（仮説社HPにて販売）に収録されています。

❖**実施報告**

山田岳史さん（岡山・中学校）の中学2年生（33名）での実施記録から、授業の評価と代表的な感想をいくつか紹介します。

5段階評価
- ⑤とてもたのしかった
- ④たのしかった
- ③どちらともいえない
- ②つまらなかった
- ①とてもつまらなかった

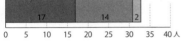

▷「自分を高めてくれる存在は、好きな人だけではない」というところが心に残りました。そういう存在を見つけたいです。

▷自分を成長させてくれるのは、好きな人や家族だけじゃなくて、ライバルもそうだということが分かりました。私の周りにはライバルという人はあまりいませんが、ライバルができたら、その人と一緒に高め合っていきたいと思いました。

▷自分にはこれといったライバルがいません。それは、私が一番だからとか、張り合う相手がいなくて、というのではなく、私が自信を持って、他の人に負けたくない！と思うものがないからです。ライバルの話を聞いて、張り合える相手、負けたくないと情熱を注ぎ込めるものがあることを羨ましく思いました。

▷自分も負けず嫌いだけど、負けるのが嫌いで自分から挑戦したりすることを逃げていたので、どんな相手でも最初から逃げずに頑張ろうと思った‼

▷ライバルは自分を高めれるし、負けたくないという気持ちがすごく出るので、すてきだと思いました。

授業プラン

〈うれしい言葉・いやな言葉〉
人に好かれるための知恵

□小学校高学年から
□関連する内容項目
▶B「礼儀」／「相互理解，寛容」

中　一夫　東京・中学校

❖内容紹介

　このプランは，子どもたちが仲間内でよく使う言葉をもとに，それらの言葉がまわりの人にどういう印象を与えているかについて考えてみることを目的としています。小学校高学年以上でよくある人間関係のトラブルなどを意識して作ったものです。

　よく「人を傷つけるような言葉を使ってはいけない」などと注意されたりしますが，子どもたちは仲間内できびしい言葉を使って，お互いの親しさを確認しあっている面があります。けれども，自分の言葉がまわりにどう聞こえているかに気づき，普段の言葉の使い方を少し意識できれば，それは「人に好かれる知恵」ともなります。

　これから大人になっていく子どもたちには，このような知恵が切実に求められているように思います。

うれしい言葉・いやな言葉
～人に好かれるための知恵～

2011.9.25

プラン作成　中　一夫

　誰でも、「人から悪く思われたくない」「嫌われたくない」と思うものでしょう。そして、できたら「好かれたい」と思うし、「友だちがほしい」と願っているのではないでしょうか。

　では、どうやったら他の人から好かれたり、友だちになれたりするのでしょう？　毎日の生活で、どういうことに気をつけておくといいのでしょう？

　日々の生活で意識しておくといいこと——その代表例が「あいさつ」などの言葉（遣い）です。ひとと仲良くなるのも、嫌いになるのも、お互いがかける言葉によって決まることが、意外に多いものです。

　だとしたら、普段、何気なく使っている言葉を意識してみることで、相手が自分に対して抱く印象は、がらっと変わるかもしれません。

　今日は、そうした言葉の一例として、「うれしい言葉・いやな言葉」について考えてみましょう。

◇◇

〔質問1〕 ①あなたが友だちや同級生,あるいは親や大人から言われて,「いやだ」と思ったことのある言葉をあげてみてください。

また,それらの言葉はどのような状況で使われたものでしょう。思いつくことを下に書き,みんなで出し合ってみましょう。

②また,どの言葉が「みんなのいちばんいやな言葉」でしょう？同じ言葉を挙げた人の数を数えてみましょう。

□友だち・同級生などから言われていやな言葉

□大人・親などから言われていやな言葉

さて，どういう言葉が出たでしょう？　中には，「自分は言ったことがない」という言葉もあれば，「よく使ってる」という言葉もあるかもしれません。

　ところで，〈いじめ〉が問題になる時には，必ず「言葉のいじめ」がかかわっています。「うざい」「きもい」「消えろ」「死ね」など，自分を否定するような言葉を言われると，身体への暴力はなくても，ひとはつらくて耐えられなくなるのです。

　先に出た「いやな言葉」の中で，「自分もよく（ときどき）使ってしまう」ものがあれば，○をつけておいてください。

◇◇

〔質問２〕　先に出たような「いやな言葉」は，ふつう，親しい友だち同士では使わないものでしょうか？　それとも，わりとよく使っているものでしょうか？

　ア．絶対に使わない。
　イ．ときどき使うことがある。
　ウ．よく使う。
　エ．どちらともいえない。

ひどい・いやな言葉を使うとき

「いやな言葉・ひどい言葉」が使われるのはどうしてでしょう。そういう言葉を口にする人の心がすさんでいて、やさしさがないからでしょうか？

そうとも言い切れません。たとえば、親しい友だち同士の会話を考えてみましょう。あなたも、親しい仲間同士で、「死ね」とか、「うざい」などの言葉を使ったことはありませんか？ 友だち同士での会話を傍で聞いていると、お互いにひどい言葉を平気で使っているように見えて驚くことがあります。「親しいのにどうして？」と思ったりすることさえあります。

けれども、言いあっている当人同士は、ひどい言葉でも、それほどひどくとらえている様子がありません。かえって笑って言いあったりもしているのです。

「ユーモア」と、いじめすれすれの〈からかい〉や〈ふざけ〉などは、かなり似ているところがあるようです。「相手が傷つくんじゃないか？」と思えるようなきわどい話題や言葉ほど、笑いをよび、歓迎されることがあるのです。じっさい、漫才やバラエティ番組などでは、きびしい言葉やいじめ的なことがよく出てきます。

そういう言葉を、場の雰囲気を見て、相手の反応をうまく予想して、あえて使ってみる——それで相手を傷つけることなく笑いに変えることができる能力を、〈芸〉と呼ぶのでしょう。

仲間うちで「ひどい言葉」を言い合うことも、じつは「親しさのあらわれ」で、「私たち、こんなにずけずけ言えるくらい仲よしだよ」

と,互いに確かめ合うはたらきをしています。そうした場面では,「ひどいことを言うけど,本気じゃないよ。わかってるよね」といった気持ちを前提にしています。このために,「友達が言うのは許せるけど,あの人から言われるのは絶対許せない」といった反応も起こるのです。

ところが,ずけずけと言い合えていた仲間でも,何かのきっかけで関係がこじれると,ひどい言葉を使うことが許されなくなります。同じ「うざい」という言葉でも,前は笑って返せていたのが,いまや自分に対する非難としか感じられず,「ひどい。どうしてそんなことを言うのか」などと思えてしまうでしょう。

そのように,言葉の捉え方は相手と自分との関係次第で全く違ってしまうのです。

◇◇

〔質問3〕 あなたは誰かに,「話したこともないのに,何だか嫌われているみたい」と感じたりすることはありませんか? また逆に,あなた自身,話したこともない人に対して「あまり付き合いたくない,できたら避けたい」と思ったりすることはありませんか?

直接に話をしたこともないような相手に対しても,人は悪い印象を持つことがあります。それはどうしてなのでしょう?

あなたは何をもとに人を「苦手・嫌い」などと判断しているのか,思いつくことを下に書いてみましょう。

あなたの印象は何で決まる？

　話したこともない相手から避けられるというのは、自分は何もしてないからこそ、余計にショックを受け、腹が立つことです。「自分は悪くない！」と思い、「誰かが悪いうわさを流しているのか？」と疑ったりすることもあるかもしれません。

　けれども、ほんとうに「自分は何も悪くない」のでしょうか？ そういうふうに思う時は、自分がまわりの人をどう見ているか、思い出してみるといいのではないでしょうか。

　人の言葉や行動は、それが自分以外の他の人に向けられたものであっても、周囲には聞こえているし、見えてもいます。友だちと仲良くおしゃべりしているだけでも、その言葉はまわりによく聞こえているのです。

　そばで聞いている人は、話している人の言葉や行動が自分にとっていやなものであれば、「あの人は苦手」とか「あの人とは合わない」とか思うでしょう。苦手意識をもてば、「あの人には近づかないようにしよう」と思うでしょう。

　あなたがそう思うように、まわりの人も、たとえあなた自身は気づかなくても、あなたの言動をもとにあなたを判断しているのです。そうしたことは、教室の中だけでなく、どこの場でも普通に見られることです。

　「いやな言葉」を使ってる人は、「いやな人」「自分にもああいういやな言葉を言ってくる人」という印象をみんなに与えるものです。だから、「いやな言葉」には気をつけなければいけないのです。とくに、「みんながいやがる言葉」は、あなたが友だち同士の間で気軽に使った場合でも、あなたにはねかえってきます。

グループでまとまると，ときにみんなできびしい言葉をさかんに言い合う光景が見られます。誰かの悪口などで盛り上がったりもします。そういうグループでは，「同じことをしないと，自分だけ一人になってしまいそう」「今度は自分が言われる立場になりそう」という不安が強くなり，わざとそういう言動をするという面も強くあります。

　だから，内心は「いじめなんか，きらいだ」と思っている人でも，グループでいるときには，みんなと一緒に悪口を言ったり，「きびしい言葉」を使ったりすることがよくあります。けれども，無理してグループづきあいするのは疲れるものです。それでもまだ，「一人になるよりはいい」と思うから，我慢する人がいるのでしょう。

　それならば，そういう「いやな言葉」「みんながいやがる言葉」を使わないようにしたらどうでしょう？　人をののしるような言葉は，ふつう大人になるにつれて使わなくなるものです。それらの言葉が深刻な問題を引き起こすことを学んでいくからでしょう。一人ひとりが，「いやな言葉・うれしい言葉」を自分で判断して，使ったり・使わなかったりする――それが，「大人への道」と言えるかもしれません。

*

　言葉には，「いやな言葉」とは逆に，人に好印象を与えるものもあります。人が「うれしい」と思う言葉を使っている人は，「いい人」という印象を与え，「自分にもああいう，うれしい言葉を言ってくれるんじゃないか」という期待を抱かせるものです。

〔質問4〕 あなたが友だちや同級生,あるいは親や大人から言われて,「うれしかった」と思った言葉をあげてみてください。
　また,それらの言葉はどのような状況で使われたものでしょう。思いつくことを下に書き,みんなで出し合ってみましょう。

□友だち・同級生などから……

□大人・親などから……

うれしい言葉と相手への印象

　さて,「うれしい言葉」にはどんなものが出たでしょう?「ありがとう」という感謝の言葉や,「すごいねー」「えらいねー」などのほめ言葉,「がんばって」などのはげましの言葉などが多く出たことでしょう。「好きだ」などの言葉も出たかもしれません。

　けれども,何でもない言葉でも,「うれしい言葉」になることがたくさんあります。たとえば,「自分だけ一人ぼっちだ」「自分は嫌われているみたい」などと思っているときにかけられた,「おはよう」などの普通のあいさつの言葉。また,落ち込んでいるときにかけられた,「どうした？」「だいじょうぶ？」などの言葉。……そのときの自分の状況によって,聞き慣れた言葉でも,とてもうれしく感じることがあります。

　また,そうした言葉のほかにも,ただニッコリとほほえむことなども,うれしく感じることは多いでしょう。そして,相手のことを好きになるでしょう。

　それらのことは,「おしゃべりが苦手で口下手だ」と思っている人でも,十分できそうなことです。よく,「自分は積極的でないから友だちが少ない」と思い込んでいる人がいますが,そうとも限りません。たとえ口数が少なくても,相手へのやさしさが伝わる人,誠実な人には,自然と人が集まってくるように見えるのですが,どうでしょう？

人に好かれるための知恵

　「まわりから嫌われたっていい」と，心から思う人はいないでしょう。だれしもまわりからよく思われたいし，悪口を言われたりするよりも，好かれたいと思うのではないでしょうか。そして，それを可能にするのは，あなたのちょっとした意識かもしれないのです。

　あなたの印象というのは，普段の言葉の使い方一つで大きく変わっていきます。それは自分が言われてうれしい言葉・いやな言葉をあらためて考え，意識するだけで変わってくるものです。

　他人との付き合いは，生きていくうえで一生関わりつづけるものです。だからこそ，こういう気遣いは，「たのしく生きていく知恵」とも言えると思うのですが，どうでしょう？

　この授業をどう思いましたか？　自分にとって役に立つ内容だったでしょうか？　最後に感想を聞かせてください。

〈うれしい言葉・いやな言葉〉
—解説—

中　一夫　東京・中学校

❖プランのねらい

　このプランは，子どもたちが仲間内でよく使う言葉をもとに，そういう言葉がまわりの人にどういう印象を与えているか考えてみることを目的としています。

　「人を傷つけるような言葉を使ってはいけない」などという注意はよくされますが，子どもたちのグループ同士の会話を聞いていると，かなりきびしい言葉をお互いに使って，笑いあっていることがあります。そこでは，「自分が言われたらいやだ」と思うような言葉もよく使われます。よく見てみると，子どもたちの間ではきびしい言葉を使いあって，お互いの親しさを確認しあっているような面があるのです。

　けれども，グループの仲間同士で使っているそうした言葉は，そのグループ内では笑いあえるものであっても，はたで聞いている人たちには恐怖感を与えてしまうことがあります。「あんな言葉を自分も言われるんじゃないか」という怖さを印象づけてしまうことがあるのです。

　ところが，グループの仲間同士で盛り上がっている人たちには，グループ外の人たちが自分たちの言動をどう受け取っているかはわかっていません。ですから，周囲の人たちが自分たちの言動を見て，引いたり，距離をとったりする様子を見せると，「自分たちは何もしてないのに，何，あの態度は!?」などと，不満に思うことがあるのです。

　この場合，当事者には「自分の使っている言葉を，まわりの

人はどう受け止めているか」というイメージが希薄なわけです。

　このプランは，そういうことに気付くきっかけになればと思って作ったものです。

　そしてまた，自分の言葉がまわりにどう聞こえているかが分かれば，それは「人に好かれる知恵」にもなりえます。こうした知恵は，多くの人と付き合って生きていく上で，とても大事な〈人との関わり方・自分の生き方の基礎知識〉になるのではないかと思うのです。

　そういう知識を学校生活の中で伝える機会はできるだけ多い方がいいと思います。もちろん，このプランを経験したからといってすぐに分かるものではないでしょうが，そういうことを分かっていく一つのきっかけになれば十分だと思います。

　なお，このプランはただ読むだけの「読本」のような使い方もできます。ぜひご活用ください。

❖授業の様子

　僕が授業した際（中学2年生）に出た答えや感想を紹介します。

●質問1

□友だち・同級生などから

　嫌い／バカ／ウザい／クズ／死ね／ダルイ／／意味わかんない／キモイ／キライ／アホ／殺す／むりー／敬語，等

□大人・親などから

　バカ／勉強しなさい／死ね／バカ息子／　うるさい／早くしろ／あきれた／いらない／うちの子じゃねぇ／おまえ，等

●質問2

　「ときどき使う」「よく使う」が大多数で，「絶対に使わない」は少数です。

●質問3

　人の悪口ばかり言う／話がよくわからない／他の人との関わり方／他の人と話しているときにはひどいことを言ってたりする／顔やしゃべり方／違うタイプな感じ／悪いことをしてる人／からかってるんだろうけど，それがきつい／周りからの情報／暴力／まわ

りの評判／外見・見た目／ウワサ／目つき

目つきや外見なども上がっていましたが，何と言っても多かったのは「人の悪口を言ってること」です。

● **質問4**

□友だち・同級生などから

ありがとう／すごいね／大丈夫／がんばれ／僕達は親友だよ／大好き／愛してる／おもろい／天才／うまい／ナイス／優しい

□大人・親などから

スゲェー‼／ありがとう／よくやった／がんばったね／いいよ／すごい／お金あげる／えらい／やればできるんだね

❖子どもたちの評価と感想

□中学2年生（26名）

5段階評価

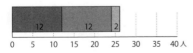

▷思い当たるところがたくさんあった。これから，イヤな言葉を使わないように注意していきたい。（女子⑤）

▷好かれる人は，言葉の使い方がうまいという事がわかった。自分が発した言葉は大切だと思った。（男子⑤）

▷言葉は状況にあわせて使い分ける事がとても大切だと分かった。だから自分も言葉を状況に合わせてしっかり使いわけたいと思う。（男子⑤）

▷あいさつもうれしい言葉なんだと分かりました。それからやさしくすることもとても大事だと分かりました。（女子④）

▷この話に共感できることがたくさんあった。（女子④）

▷クラスの人がいやだと思う言葉など聞けたりしたので，とてもよかったと思いました。もっといろんな人にもうれしい言葉を言ってあげたいと思いました。（女子④）

▷うれしい言葉・いやな言葉は，大人になってからも使うので知れてよかった。（女子④）

道徳プランはただの「当てもの」か？
―問題と選択肢があればプランになるか―

中 一夫 東京・中学校

❖**道徳プランのモデル**

この本で紹介される道徳プランを見た人の中には，「クイズみたい」という印象を持たれる方も少なくないかと思います。実際，学校現場で道徳プランを紹介すると，「クイズみたいで，ただの遊びと思われてしまうのでは」と心配されることがあります。本文に「問題」（質問）がいくつも挟んであり，「選択肢」を選ぶ形になっているのですから，そう思われるのも当然でしょう。

ところで，このように選択肢つきの一連の問題に予想を立てながら進めていく授業のモデルは，仮説実験授業の〈授業書〉です。そして仮説実験授業についても，その初期から（今でも）「クイズ的だ」という批判がなされてきました。

しかし，授業書とクイズでは決定的に違っている点があります。ただの「当てもの」の場合，当たってもはずれても，それで終わりです。それに対して，授業書では問題の配列に系統性があり，一つの問題の結果をふまえた上で次の問題が用意されているので，外れた経験もまた次の問題に生かされます。そして，それら一連の問題群を解くことで，最終的には科学の法則を正しく身につけ，正解を予想することができるようになっているのです。

また，仮説実験授業の授業書は，「どういう問題・選択肢をどういう順序で提出すれば，子どもたちが興味をそそられ，正しい認識に到達するか」を，たくさんのクラスで実験授業を行うことで吟味し，作製されています。ですから，仮説実験授業が

問題・選択肢の形式を備えているからといって，それがただの当てものだという批判は当てはまらないのです。

❖道徳プランに問題や選択肢を入れる意味

一方，本書の道徳プランには，授業書のように全員が身につけるべき一つの法則などはありません。もちろん，〈知識系〉と名付けるプランは，「知っておいた方がいい知識・考え方」を伝えるものですが，それも仮説実験授業の授業書のような〈予想―討論の積み上げ〉によって身に付くものではありません。

では，道徳プランの文中に問題，選択肢を入れる意味は何でしょう？

道徳プラン中の問題や質問の多くは，誰でも判断に迷いそうな選択の場面に設定されています。その問題（質問）がうまく設定された場合，まるで自分が主人公の立場になったように，「このあと，自分ならどうするだろう？」と，その物語の中に入り込んで考えることができるようになります。そうなると，他の人の予想や考えが気になり，ただ文章を読んでいるときよりも，はるかに深く・広く考えをめぐらすことができるようになるのです。

また，プラン中の選択肢は，「物語の広がり・考え方の広がり」をもたらします。選択肢がきっかけになって，一つの物語から複数の展開・結末の可能性が広がるのです。「そんなバカな」と思われるような選択肢でも，実際にその選択肢を選ぶ人がいたり，納得できる理由があったりすると，自分の常識は大きくゆさぶられます。

このように，プランにおける選択肢の役割は，「さまざまな考え方に触れて，広く考える」という体験を期待するものです。そして，そうした体験が，将来，自分が経験したことのない事態に遭遇したとき，役立つことを願っているのです。

❖問題形式にすれば
　すぐにプランになる？

　道徳プランを作るのは簡単に見えるかもしれません。けれども，「問題を入れれば何でもプランになる」というわけではありません。

　決定的に重要なのは，プランの核となる〈文章そのものの魅力〉です。プラン化しうる文章は，「早く先を読みたい」と思わせる魅力的なものであることが必要です。ワクワクしてその先が気になるようなストーリーであるからこそ，「この次はどうなったか？　主人公はどう考え行動したか？」などの質問を挟むことも可能になっているのです。

　けれどもそうなると，今度は「問題」の入れ方が悩みどころになります。私自身，プランを作り始めの頃は，やたらたくさんの「問題」を挟んでしまっていました。ところが，そうなると文章は細切れになり，いちいち選択肢を選ばされるのがうっとうしく，「問題なんかいいから先に進んで」と思われてしまうものになってしまいます。

　そこで必要なのが，実際に授業にかけて，「子どもに聞くこと」です。また，道徳プランの場合，実験授業の結果でいちばん変わるのが，この「問題・選択肢」の設定です。それがうまく設定されていれば，子どもたちは自然に物語の中に入っていき，さきほど述べたような「物語の広がり・考え方の広がり」が生まれ，子どもの喜ぶ道徳授業が実現できるでしょう。道徳プラン作成の「配慮」「難しさ」というのは，特にそういう問題・選択肢の設定にあります。

　その点，この本で紹介している道徳プランは，仮説実験授業の授業書と同じように，誰でもプリント通りに授業すれば，安定してたのしい授業が成立することを実験的に確かめたものです。各プランの解説に，授業の記録がついているのも，こうした理由からなのです。

C 主として集団や社会とのかかわりに関すること

授業プラン
〈真夜中のいたずら〉

□小学校中学年から
□関連する内容項目
▶C「公正，公平，社会正義」／
「よりよい学校生活，集団生活の充実」

プラン作成　**峯岸昌弘**　群馬・小学校

❖内容紹介

　あなたには気の合う友達や仲間はいますか？　仲間が一緒だと，多少の不自由さはあったとしても，一人でいるよりずっと楽しいことが多いものです。

　けれども，その自分のグループが集団で悪いことを始めたら，あなたならどうしますか？

　塾の帰り，自販機でコーンポタージュを買って飲んだことから始まった，中学2年生たちの夜の会合。グループの仲間が何気なくやったいたずらに翻弄される，一人の少年。

　グループでいることが増えてくる，小学校中学年から中学生に人気の高いお話で，ステキなグループのありかたについて考えさせてくれる授業プランです。

真夜中のいたずら

2008.11.21　改訂3版

プラン作成　　峯岸昌弘

今日は，群馬で小学校の先生をしている峯岸昌弘さんの思い出話をしたいと思います。峯岸さんが中学校2年生の時のお話だそうです。このお話を聞いて，みなさんはどんなことを思うのでしょう。最後に感想を教えてくれると嬉しいです。

＊　＊　＊

中学生の時，僕は塾に通っていました。僕がその塾に通い始めた当初，同じ中学から通っている人はひとりもいませんでしたが，近所の友達がひとり増え，ふたり増えしてくると，噂をきいて何人かのメンバーが集まってきました。その塾に通える範囲の男子しか集まらないのですが，僕を含めて5人になりました。学校では不思議と接点のなかった人達でしたが，同じ塾に通い始めると急速に仲良くなっていきました。

中1の時は，夕方から夜7時くらいまでの時間帯で授業があったのですが，中2にもなると，さらに遅い時間帯，夜8時から10時というクラスになりました。他の学校から通っていた女子たちは，ちゃんと親が車で迎えに来てくれていましたが，男子だけ5人の僕

らは，自転車です。週に3回ですが，夕食を食べると塾へ出かけ，帰りはみんなでワイワイ話しながら，夜道を自転車で滑走し，家に帰ると風呂に入って寝る——，そんな生活をしていました。

*

そんな中学2年の生活にも慣れ，季節は冬になっていました。塾が終わり，いつものように夜の10時過ぎ，男5人で白い息を弾ませて帰っている最中，メンバーのひとり，梅ちゃんが自動販売機の前で自転車を止めました。そして，冷たくなった手に白い息を当てながら，「寒すぎる…。コンポタ買おう…」と言ったのです。

梅ちゃんは，一言で言うと不良(ワル)でした。年中悪いことをしては，先生にどやされ，その場はものすごく反省しているように見せながら，それは，先生の怒りがおさまるのを待っているだけ。全く聞いてもいないし反省もしない，筋金入りでした。梅ちゃんは男だけの3人兄弟の末っ子。大きいお兄さんがいるというのはスゴイもので，梅ちゃんは同級生なのに，いろんなことを知っているし，僕みたいな世間知らずの長男からしたら，貴重な大人の情報源でした。

そんな不良(ワル)のくせに，勉強はできます。普段は全くやる気がないので，学校のみんなは知りませんが，塾のメンバーだけは，みんな彼が賢いことを知っています。不良(ワル)なのに勉強もでき，いろんな世界も知っている彼は，僕らメンバーにとってあこがれでした。

そんな彼が，自販機の前で自転車を止め，コンポタを飲み始めたのでワクワクします。こんな真夜中に買い食い（飲み？）は，いけないことのような感じがします。

「あったけ〜…。うまい…。…………お前ら飲まないの？」

それはそれは、とっても美味(うま)そうに見えました。寒い中、自転車で帰ってきたので、温かそうに握りしめた缶だけ見たってうらやましくなります。しかも、「コンポタ」って、なんて美味(おい)しそうな響きなんだろう。「コーンポタージュ」のことを「コンポタ」って略すのも、梅ちゃんに初めて教わったことのひとつでした。

◇◇

〔問題１〕　さて、お金は持っていましたが、塾を出るのも遅かったため、夜は10時半を過ぎています。そんな梅ちゃんを前に、僕らはどうしたでしょう？

ア．みんなでコンポタを買って飲んだ。
イ．買わずに、梅ちゃんを待った。
ウ．梅ちゃんだけを残し、みんなで帰った。
エ．みんなは買ったが、僕だけ帰った。
オ．その他（　　　　　　　　　　）。

さっそく，みんな1本ずつ，コンポタを買って飲みました。その温かくて美味しいこと。体の中からポカポカしてきて，世の中にこんな美味いものがあるのか！と思ったほどでした。

（問題1の答えはア）

　その日以来，寒い日にはその自販機の前でコンポタを買い，飲みながらおしゃべりをすることが増えていきました。ときどき，家に着く時間が遅くなってしまうこともありましたが，「塾でわからないところを聞いている」ということにして，その会合を続けていたのです。少し悪いことのような気がしましたが，楽しいし，みんなもやっているのだからいいだろう，と思っていました。

　僕らは，その会合を「コンポタ」と名付け，塾の帰りを楽しみにするようになりました。もちろん，毎回やっていてはおこづかいにも限界があるので，コンポタの開催は梅ちゃんがそこに自転車を止めたときだけです。彼がその自販機によろよろと近づき，「おーい，コンポタして行かねー？」というセリフを，みんな楽しみにするようになりました。

　そんなある日，話が盛り上がって，30分ぐらい自販機の前に居座ったことがありました。そういう時は，興奮しているせいか，普段より話し声が大きくなってしまうのでしょう。自販機の近所に住むおばさんが出てきて，僕らに注意しました。「近所の人に迷惑だ」と言うのです。僕らは少し反省し，その時はそそくさと帰りました。

◇◇

〔問題2〕　その後，その会合（コンポタ）はどうなったでしょう？

　ア．そのまま。　　イ．回数が減った。　　ウ．場所が変わった。
　エ．なくなった。　オ．その他（　　　　　　　　）。

その日以来，帰り道にその自販機に寄り道することはなくなりました。それ以来，なんとなく嫌な感じが残ったからです。でも，何日もしないうちに，梅ちゃんが言い出しました。

「今日はこっちの道から帰ろうぜー」

　ついて行くと，結構な遠回りです。しかも坂道なので，塾帰りの疲れた体にはこたえます。でも，ちょうどその坂を登り切った丘の上に，たくさんの自販機が並び，明るく照らし出された憩いの空間があったのです。僕らは，新たに見つけたその場所で「コンポタ」を続けました。（問題２の答えはウ）

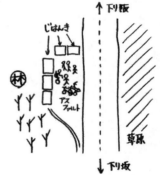

　その場所は，山道ながら群馬と栃木を結ぶ沿道だったので，そこを通る車が休憩できるように，広くアスファルトがひかれ，まわりにはあまり民家もなく，僕らが屯するにはもってこいの場所でした。

　僕らはそこで，コンポタを片手に，たくさんの話をしました。辛いこと，学校のグチ，将来の不安，夢，恋愛，くだらないこと，様々。今思えば，たくさんの不安と苛立ちとを抱えていた時代。僕らは，そこでもがきながら，何かを見つけようとしたり，安心しようとしていたのかもしれません。

　でも，それは毎回というわけではなく，梅ちゃんがそこに行くときにだけ，みんなが付き合っていたという感じでした。毎回じゃなかったところが，無理なく付き合えた理由かもしれませんが，決し

てイヤイヤではありませんでした。時々，週3回なんていうときもありましたが，「また行くのかよー！」なんて言いながら，付き合っていました。梅ちゃんの話や考えることは興味深く，話しているだけで，なんだか楽しいからでした。僕以外のメンバーも，きっとそんな感じだったに違いありません。

　そんなある晩のことでした。その日も寒い冬の日だったように思います。いつものように丘の上の自販機で「コンポタ」し，そろそろ帰ろうか，という雰囲気になったとき，梅ちゃんが自分の飲んだコンポタの空き缶を道路の真ん中に置きました。すると，他のみんなもおもしろがって，自分の飲んだ後の空き缶を道路に並べ始めました。2車線の道路に並べられた4つの空き缶。そして，未だ握りしめられた僕の空き缶…

◇◇◇

〔問題3〕　僕はどうしたでしょう？

　ア．並べた。
　イ．捨てた。
　ウ．持ったまま。
　エ．その他（　　　　　　　　　　）。

僕も,それを見ながら手に握りしめていた空き缶を,道路の端に並べました。　　　　　　　　　　　　　　　　　　(問題3の答えはア)

　しかし,並べてから,さすがにマズイよなぁ,と思いました。なぜ梅ちゃんやみんな,そして僕が,道路に空き缶なんかを並べたのか。それは未だに謎ですが,梅ちゃんは「じゃあなー」と言って,何事もなかったように帰ろうとします。

「おいおい,マズイよ。車が来たらどうするんだよ。事故にでもなったら大変だぜ?」

　自分でも並べたくせに,僕はそう言いました。すると梅ちゃんは,

「大丈夫だよ。車なんてほとんど来ないし。並べたのだって,誰にも見られてないんだから,もし事故になったって,俺たちが犯人だなんてわかりゃしないよ」

　確かに,夜ここで30分くらい話をしていても,ほとんど車なんて通りません。しかし,ごくたまに車は通ります。この自販機の前で車を止め,飲み物を買っている人もいました。全く通らないなんてことはないのです。

　しかし,その場はそのまま解散となってしまいました。

　最後まで帰り道が一緒の友達と2人だけになったとき,僕は言いました。

「空き缶,大丈夫かなぁ。もし車が事故ったらヤバイだろう…?」

すると,彼もまたこう言うのです。

「大丈夫じゃないの？」

「いや，踏んづけたら危ないよ。今からでも，戻って片付けた方がいいって」

そう心配する僕に，友達は，

「車なんか来ないって。来たところで，缶がひかれたり，飛ばされるだけで，事故になんかならないよ。……そんなに心配することか？」

となだめるのです。そうして，みんな帰っていってしまいました。

◇◇

〔問題4〕 さて，残された僕はどうしたと思いますか。

ア．一人で片付けに戻った。
イ．そのまま帰った。
ウ．その他（　　　　　　　　　　　）。

一人になると,ますます心配になってきます。バレないとはいえ,もし事故になったら,事故にあう人がかわいそうな気がしてきました。もしそうなった時に後悔するくらいなら,今,片付けに行った方がいいな…,僕はそう思いました。

　みんなが帰り,一息ついた頃を見計らって,僕はまた自転車を走らせ,夜道を戻りました。一人で戻って片付けるなんて,かっこ悪いので,誰にも見つかりたくない気持ちで,こっそり戻りました。

(問題4の答えはア)

　現場に戻ると,空き缶はそのままになっていました。まだ誰も通った気配はありません。ホッとして,自転車を再び自販機の前に止め,空き缶を拾い始めました。

　いい子ぶっている感じがして,あまりよくない気持ちがする反面,なんでオレだけこんなことしなきゃならないんだ,自分たちのした罪を思い知れよ…と,ブツブツ文句を言いながら拾いました。

　3つ目の空き缶を拾おうとしたその時です。急に目の前の空き缶がキラリと光ったかと思うと,暗闇に紛れていたはずの僕の姿があらわになりました。反対側の車線に車が来たのです。その車の進む先には,3つの空き缶がつっ立っています。

〔問題5〕 その瞬間,僕はどんな行動をとったでしょう。

ア.車を止めさせた。
イ.少し離れて様子を見た。
ウ.残りの空き缶を急いで拾った。
エ.逃げた。
オ.その他（　　　　　　　　　）。

その一瞬で、僕にはいろいろな気持ちが入り交じりました。来ないと思われていた車が来た！　間に合ってよかった！という気持ちがまず起こり、次に、このままじゃマズいからどうしようという困惑の気持ち…。でも、とりあえず、この空き缶だけは、このままにしてはおけないな…。

　車は、僕の姿を確認したのか、ゆっくり近づいてきます。そして、真ん中の３個目の空き缶に手を伸ばした時、運転席から見えているであろう、自分の姿を自分で想像して、焦りました。

　……ん!!　オレ今、空き缶並べてるみたいじゃん!!

　もともと悪いことをしていたという気持ちがあったので、車を運転している人に怒られるかもしれないと焦った僕は、持ちかけた３個目から手を離し、眩しい車のライトから逃げ出しました。

（問題５の答えはエ）

　そのとき、もし冷静でいられたなら、いくらでも説明できたはずです。「偶然通りかかったら、空き缶が並んでいたので、片づけていたんです」とウソをつけばいいのだし、正直に事情を話したとしても、片づけているんだから、まだ許される範囲のはずです。

　しかし、走って逃げてしまったのは、僕にとっても最大の誤算でした。運転手からみたら、もう僕は並べている人にしか見えないでしょう。僕はもはや、「並べていたら見つかったので逃げた人」でしかありません。

　自販機の裏のしげみに身を隠すと、ドキドキする心臓を押さえながら、事故にならないでくれーと祈り、様子をみました。

　すると、どうでしょう。車は道路中央に並んだ空き缶を避けて、

自販機の前にゆっくり止まるではありませんか。そして，中から恐そうな男の人が出て来るなり，

「おい!!　隠れてるヤツ，出てこい!!」

と，叫んだのです。叫ばれる瞬間には，すでに僕は自販機からは離れ，林の奥に走って逃げ出していました。今までに経験したことのないような恐怖に耐えながら，真っ暗な林の中を猛スピードで逃げました。暗闇の中，木の枝が顔にバシバシ当たるもお構いなし。とにかく，なんとか，この場から逃れるために走りに走り，離れたやぶの中に身を潜めました。

　遠くの方でガサガサと林を探る音がします。バクンバクンと鳴る心臓を押さえながら息を殺し，この状況が過ぎ去るのを待ちました。見つかったらどうなるのだろう，叱られるだけですむだろうか，殴られるかもしれない，マズい，何でこんな事になってるんだ，オレはバカか!?……様々なことが頭をよぎりました。厚いジャンパーを着たまま全力で走ったはずなのに，身体はガクガクし，手はブルブルと震えました。

　どのぐらい経ったでしょう。完全に音がしなくなってからも，出ていったところにもし待ち伏せでもされていたら…と思うと，うかつに出ていけませんでした。かといって，自転車は自販機の前に止めたままになっているので，このまま逃げるわけにもいかず，その場で凍えそうになるのに耐えながら，だいぶ隠れていたと思います。その後，恐る恐る這い出てみると，自販機の前はシーンと静まりかえり，僕の自転車が一台，ポツンと残されていました。途方もない

安堵感と同時に、罪悪感が全身をつつみました。道路の空き缶はきれいに片づけられていました。そして、自販機の裏に目をやると、僕が逃げる時に投げ出した空き缶が、そのまま転がっていたのです。

◇◇

〔問題６〕　その後も、僕はその会合に参加したでしょうか。

ア．普通に参加した。
イ．参加する回数が減った。
ウ．全く参加しなくなった。
エ．その他（　　　　　　　　　　）。

それ以来，梅ちゃんが「今日，コンポタしていかねー？」と言い出した時に，あまり気がのらない場合は，「オレ，今日はいいやー。また今度ね」などと言って，帰るようになりました。今までなら，多少気がのらない時でも，「友達だからなぁ」とか，「まぁ，行けばそれなりに楽しいから」とか，「付き合い悪いって思われたらイヤだなぁ」という気持ちもあって，参加していたかもしれません。でも，この事件以来，僕の中で何かふっきれたものがあって，「気がのらないことに付き合うのはやめよう」と思うようになったのです。

　その後，また梅ちゃんが空き缶を並べそうになった時には，この前の事件のことを話し，やめるよう説得もしました。みんなには，なかなかあの夜の出来事を信じてもらえず，笑い話になってしまうのですが，もう空き缶を並べるいたずらはなくなりました。

　けれど，それでメンバーとの仲が悪くなることはありませんでした。それどころか，他のメンバーも，「オレ，今日はやめとく」とか，「ボクも疲れたから今日は帰るわ」とか，気軽に言うようになったのです。決してみんな無理していたわけではないし，好きでやっていたことだったと思いますが，それができるようになってから，その会合はさらに居心地のいいものになっていきました。そして，梅ちゃんが行かないときでも，残りたいヤツは遠回りしてそこへ行き，コンポタを楽しんだのです。　　　　　　　　　　（問題６の答えはイ）

　結局，その会合は，卒業するまで終わることなく続き，僕たちはそこで多くのことを学びました。今でも，冬の寒い日に，自販機で「あたたか～い」と書かれたコンポタを見つけると，あの頃のセツナイ気持ちをたくさん思い出します。　　　　　　　　　　　　　（おわり）

〈真夜中のいたずら〉
―解説―

峯岸昌弘　群馬・小学校

❖プラン作成の経緯とねらい

小学校6年生を担任していたとき、ある女の子の表情が、日に日に暗くなっていくのを感じたことがありました。

その子は、前の年に自分の親友が転校してしまい、新しいクラスになったときに、あまり親しくない女の子グループに属したのでした。彼女はそのグループのボス的な女の子に気に入られ、グループから信頼されていましたが、とても気を遣って"自分らしさ"を発揮できず、苦しんでいたのです。彼女のお母さんからも相談されていましたが、なかなか改善することはできませんでした。僕から彼女に直接声かけすることで、改善することもできたのかもしれませんが、臆病な僕にはそれができないでいました。

そんな時、思い出したのが、僕自身が中学2年の時の思い出でした。ちょうどその女の子グループが放課後の教室に残って話していた〈いたずら〉の話を聞いて、「ああ、僕にもそんなことがあったなぁ。でも、あのいたずら以来、相手のことに全部合わせるのはやめようって学んできたのかもしれないなぁ」と思ったのです。

早速、その日の夜から話を書き始め、その週末の道徳の授業に間に合わせました。こんなふうに、「密かな願い」が先行してプランになったのは、初めてでした。それがいいことなのか、よくないことなのかはわかりませんが、極力、押しつけの形にならないよう、注意して作りま

した。

◆僕がプランに込めた願い◆
①仲がよいと思っているグループでも,自分の納得がいかないことが起こりうる。それに従ってしまうと,後悔することがあることを知っているといい。
②合わせるだけでなく,自分らしさを出すことで,そのグループの居心地がさらによくなる場合があることを,知っているといい。

❖実施報告①
□授業者：峯岸昌弘
□対象：小学6年生（30名）
□子どもたちの評価と感想

5段階評価
- ⑤とてもたのしかった
- ④たのしかった
- ③どちらともいえない
- ②つまらなかった
- ①とてもつまらなかった

| 22 | 6 | 2 |

0　5　10　15　20　25　30　35　40人

ほとんどの子どもが,「⑤とてもたのしかった」と評価してくれました。以下,生徒の感想です（丸囲みの数字が評価）。

▷空き缶を並べた時に断れなかった気持ちは,よくわかりました。私もこういうときは断れないと思います。だって断ると,仲間はずれにされてしまうと思ってしまうからです。でも,その後,空き缶を片付けに行った先生は,すごく勇気があるなぁと思いました。(高原真実④)

▷今日の授業は,とてもたのしかったです。でも,私がそういうことを見たら,カンを並べるのを止めると思います。私も車が来て事故になったらと,不安になるからです。(坂本朱里⑤)

さて,グループのことで暗い顔をしていた彼女の感想は…

▷先生たちは悪いことをしたなーと思います。結局もどって,片付けるという,いいことをしたのに,車の人にどなられて,さんざんだなあと思いました。こういう時は,断ることも大事なんだなあと思いました。(④)

なんとなく，伝わったような感想を書いてもらい，一安心した気持ちを今でも覚えています。でも，その後，大きな改善は見られずに，卒業に至りましたが，中学に行ってからは，友達やメンバーも変わったと聞いています。様々な経験をして，人間関係を学んでいくんだなぁと，改めて考えさせてもらいました。

❖実施報告②
□授業者：中 一夫（東京・中学）
□対象：中学２年生（26名）
□子どもたちの評価と感想

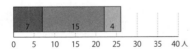

▷片付けに帰った本人はえらいと思ったけど，逃げずに説明すればよかったのに，と思いました。「気ののらない時には付き合わない」というのは，仲良し同士でも大切だと思いました。（瀬川野乃果④）

▷よくありそうだなって思った（話にのらないとハブられるとかあるから）。やっぱり，自分の意志と友情はすごく大切だな，と思いました。自分が嫌だなって思うことは，素直に言った方がいいな，と思います。けど，言えないときもあります＾＾；（佐藤有彩④）

▷断っても仲いいのって本当の友達ですよね＾＾　ちゃんと注意できたりするこの人はすごい！（徳永あみ⑤）

▷主人公は，自分が間違ったことをしていることに，車の事件をきっかけに気付いたのだと思います。「みんながやるからやる」じゃなくて，自分がやりたいことをやるべきだとわかりました。（中原栞結子④）

▷私も気がのらない事に付き合うのはやめようかな？？と思いました。（守屋日菜乃④）

いい感想だな～と思いながら読ませてもらいました。やはり，中学生が主人公の話だけあって，小学６年生の感想より，ずっと

共感して読んでくれているように感じました。

❖実施報告③

また、中林典子さん（東京・中学校）からは、「〈真夜中のいたずら〉はオススメです」という資料をいただきました。以下、その一部と子どもの感想を紹介させていただきます。

> うちのクラスは、興味がないとすぐうるさくなるクラス。予想の手もあまり上げません。そんなクラスでも、次のプリントを配るとシーンとして、結果はどうか読み進めていました。塾帰りの中学2年生が主人公ということで、自分と置き換えて読んでいる人もいたようです。感想文を読んでも、内容に共感している子がほとんどでした。(中略)「相手に合わせてばかりでなく、自分の思ったことを言ってみると、もっといい関係になれることがあるよ」ということを説教くさくなく伝えられて、私の好きなプランです。

▷自分もそんな体験があったので、無理しなくて…と思うことがあっても、「恐怖」に勝てず、やることがありましたが、この作品を読んで、そーだよなーと思い、少し自分のことを見直してみようと思いました。
▷リアルにありそーな話だった！　この人は、偉いと思う。
▷悪いことは悪いといってみるのも大切だと思った。
▷中学生なら誰でも似たようなことがあると思う。気がのらない時は、断れる空気になってよかったんじゃないかなーと思った。
▷ちゃんと自分の意思を伝えられてすごいと思った。
▷主人公の気持ちはよくわかると思います。でも事件があったあとの会合の雰囲気がよくなってよかったと思います。

どうでしょう？　小学校高学年から、中学生まで幅広くたのしめるプランになったと思います。よろしければ、授業にかけてみてくださるとうれしいです。

授業プラン
〈先輩と後輩〉

□小学校高学年から
□関連する内容項目
▶C「公平，公正，社会正義」／
「よりよい学校生活，集団生活の充実」

四ヶ浦友季 北海道・小学校

❖内容紹介

「女子バスケットボール部にあった理不尽な〈決まり〉を，3年生になった先輩たちが廃止した——」

中学生が語るそんな文章から，「部に必要な決まりとは？」「先輩と後輩の関係に必要なものは？」といったことを考えていけるプランです。

「自分たちの決まりは，自分たちでつくればいいんだ」「おかしいと思ったことは変えていけばいいんだ」，そんなメッセージも伝えられると思います。

先輩と後輩

プラン作成　四ヶ浦友季

これから紹介する文章は，ある中学3年生の女子が，自分の中学生活について書いたものです。

　　　　　　　　＊＊＊

〈先輩〉———

そもそも，私はこの言葉が好きではなかった。

中学という場所で初めて接するこの言葉に，私はミョーに差別的なものを感じた。

小学校の時は「宮田さん」と言っていたのを「宮田先輩」と言わなければいけないということに，抵抗を感じていた。

　　　　　　　　＊

中学に入学した私はバスケ部に入部した。入部したとき，冷たく緊張した雰囲気を感じた。

2年生と，3年生と。その間に大きな隔たりを感じた。

入部してすぐ，ある日の練習後に，私たち1年生は2年生から「旧校舎の廊下に集まるように」と言われた。

何が始まるんだろうとドキドキしていたら…

〔問題1〕
 2年生に呼び出されて、何が起きたでしょう

予想
 ア.「態度が悪い」と叱られた。
 イ.「部の決まり」が話された。
 ウ.「強化練習」をさせられた。
 エ. その他（　　　　　　　　）。

…何が始まるんだろうとドキドキしていたら，2年生による「部の決まり」についての指導だった。

◇◇◇

〔質問〕

　「部の決まり」には，どんなものがあったでしょう？　思いつくものをあげてみてください。

（1）先輩に廊下で会った時は礼をする。
（2）先輩には敬語を使う。
（3）先輩が使っていたボールが転がってきたら，必ず礼をしてバウンドパスでボールを返す。
（4）1，2年生は，部活中は絶対に座ってはいけない。
（5）もし，自分が使っていたボールが何かのはずみで先輩に当たってしまったら，「いいよ」と言われるまで「ごめんなさい」を言い続ける。
（6）1，2年生は，冷水器の水を飲んではいけない。
（7）休みの日の練習のときは，1，2年生は3年生が来る30分前に来る。

こんな内容だった。
「まあ，〈いいこちゃんいいこちゃん〉してればいいから」と，2年生の先輩は言った。

＊

その日から，私たちはその「決まり」を守ることになった。それでもやっぱりついつい忘れて練習前の準備の時に座っていたりした。すると，2年生が飛んできて，「座っちゃダメ！ 立って，立って」と注意された。私の目には，2年生がヘンに怯えているように見えた。

＊

午後から練習があった日曜日，私たちは練習開始時間より1時間も早く学校へ来た。3年生が練習開始の30分前に来るからだ。
私たちは，ボールを出したりモップをかけたりと準備をした。

そして，体育館の非常階段の通路にずらっと並んで，３年生を待った。…ずっと待った。
「あ，来た！」
２年生が小さく叫(さけ)んだ。
「壁(かべ)に寄(よ)りかかるのやめて，〈気をつけ〉して！」
「しゃべったらダメだよ！」
　そう言われて，全員ビシッと姿勢(しせい)を正した。そして，３年生が来ると，口々に「おはようございます！」とあいさつした……昼なのに。
　３年生が全員来るまでそれは続き，その後私たちはやっと体育館へ戻(もど)った。

◇◇

〔問題２〕
　そんな「部の決まり」に，私はどう思ったでしょう？

予想
　ア．「部には必要なルールなんだろう」
　イ．「３年生になるまでのガマンだ」
　ウ．「こんな部，やめてやる」
　エ．「そんな決まり，なくせばいいのに」
　オ．その他（　　　　　　　　　　　　）。

ヘンなの。
私は思った。3年生が冷水器の水を飲むのを見る度に。
1m前にいる先輩にバウンドパスでボールを返す度に。
休日に非常通路に並ぶ度に。
3年生が練習中に座って楽しそうに話しているのを見る度に。
ヘンなの、と思った。

多分、この3年生も、後輩時代に先輩からいろんな差別を受けたんだろうな、と思った。だから、自分たちが先輩になった今、自分たちがされたのと同じことをしてウサ晴らしをしているんだ。今までの恨みを晴らしているんだ。そして、「先輩」としての「優越感」を楽しんでいるんだ。

自分たちが嫌な思いをしたんなら、そんなもの、なくしてしまえばいいのに。

自分がされたことを他の人にもしてウサを晴らす、そういう面が人間にはあるんだ。普通にあるんだ。

それでも、私たちが入部した時の3年生はまだマシな方だったらしい。それより前の代や、そのまた前の代の3年生はもっと怖くて、暴力を振るわれたりしたこともあったのだとか。私たちが入部した時の2年生も、初めの頃は3年生に脅迫されたりしたんだけど、なぜか今はそんなことはされなくなったらしい。3年生は、差別的なことはいろいろ残したけれど、なくしたものもあったのだ。

〔問題３〕
　３年生が引退した後，２年生は「部の決まり」についてどうしたでしょう？

予想
　ア．新たに「決まり」をつくり，もっと厳しくした。
　イ．いくつか廃止するなど，緩めた。
　ウ．そのまま受け継いだ。
　エ．その他（　　　　　　　　　）。

3年生が引退すると同時に、2年生は、それまであった「部の決まり」のいくつかを廃止した。ボールはバウンドパスで渡さなくてもよくなったし、先輩にボールがあたっても何度もごめんなさいと言い続けなくてよくなった。冷水器の水も飲んでよくなったし、休みの日の練習は練習開始時間に間に合うように来ればよくなった。

だけど、バウンドパスをせずにボールを渡すことについては、1年生の間に「やっぱりちょっと…」という気持ちがあって、しつこく残った。

*

2年生の先輩たちが3年生になって1年が過ぎ、卒業式直前に部で送別会をした時のこと。「部の決まり」をいろいろ廃止してきた先輩たちの1人が、私たちにこう言った。

◇◇◇◇◇◇◇◇◇◇◇◇◇◇◇◇◇◇◇◇◇◇◇◇◇◇◇◇◇◇◇◇◇◇◇◇◇◇

〔問題4〕
先輩の1人はどんなことを言ったでしょう？

予想
ア．以前あった決まりは復活させないように言った。
イ．元通りにした方が部のためかもしれないと言った。
ウ．これからの決まりについては、好きにしていいと言った。
エ．その他（　　　　　　　　　　）。

「私たちは、今まで部にあった変なことをいろいろとなくしてきた。これからはあなたたちがトップに立つんだから、またそれを元に戻すも戻さないも、あなたたち次第。好きにできるんだから」

心に残る言葉だった。

◇◇◇

〔問題５〕

その後、私たちは「部の決まり」をどうしたでしょう？

予想

ア．もとに戻した。
イ．戻さなかった。
ウ．その他（　　　　　　　　）。

それから，私たちは先輩と後輩の間に差別的なものができないように，新しく入ってきた1年生に対して，以前あったおかしな「決まり」のことを話して，「そんな差別はつくらないでね」と伝えた。
　今，私たち3年生と1年生の間には「適度な礼儀」はあるけど，その中で仲良くやっている。入部した時のような，部のまとまりをこわすような「決まり」がまた生まれなければいいな，と思っている。

＊　＊　＊

　これを読んで，あなたはどんなことを考えましたか？　感想を教えてください。

〈先輩と後輩〉
—解説—

四ヶ浦友季　北海道・小学校

❖プランのねらい

　プランの本文として紹介されている文章は、中学3年生の時の私が書いたもので、「選択授業」の〈文芸〉のクラスで創作した自分史の中の一篇です（原文は私家本の『ちびくろユウキ』に収録）。

　中学の時の私は、1年生の時にも、全校で取り組んだ「中学生の主張」のテーマとして「先輩と後輩の間の差別」を選び、「差別的な決まりごとがあるのは、おかしい！」と主張する文章を書いています。自分が在籍していたバスケ部内に「差別としか思えないような決まり」が存在することは、中学生になったばかりの私にとって受け入れがたい事実だったようです。

　おそらく、当時の私が通っていた中学だけでなく、今も多くの中学校や高校で「先輩と後輩の間の決まりごと」というのは存在するでしょうし、その中には「なんだか理不尽なもの」もあるでしょう。

　「先輩と後輩」という言葉や「その中での人間関係の在り方」は、小学校から中学に進んだときに新しく出会うものではないかと思います。そのときに、そこに理不尽な要素を感じ取ったとしても、「中学というのはそういう世界なんだ」と、諦めて受け入れることも多いのではないでしょうか。そういう時、「〈おかしい〉という気持ちをもってもいいんだ」「今ある決まりごとは、自分たちで変えていけるものなのだ」と思うことができたら——そんな思いを持ちつつ、この

プランを作成しました。

「先輩と後輩の間に存在する〈決まり〉や〈人間関係〉」について考えるところから発展して，集団の中でのさまざまな「決まり」や「人間関係」について，「自分はどういうふうにしていきたいか」を考えるきっかけにもなればと思っています。

❖実施報告

峯岸昌弘さん（群馬・小学校）の授業記録を紹介します。
□授業者：峯岸昌弘
□対象：小学5年生（36名）
□予想分布

（　）内の数字が人数，⇒以下は予想の理由です。

〔問題1〕　2年生に呼び出されて，何が起きたでしょう？
　ア．「態度が悪い」と叱られた。（4）
　イ．「部の決まり」が話された。（27）
　ウ．「強化練習」をさせられた。（5）
　エ．その他。（0）

〔質問〕「部の決まり」には，どんなものがあったでしょう？
⇒言われたことは，逆らわずやる／先輩って呼ぶ／練習をサボらない／1年生は早く来て準備する／敬語でしゃべる（礼儀）／恋愛禁止／決まりは絶対に守る。守らないと罰がある／あいさつを必ずする／勝手なことをしない／こまめに水分をとる／先輩が疲れていたら，ジュースをもってくる／先輩が疲れていたら，マッサージをする／先輩のストレッチは手伝う／先輩と後輩の区別をつける／終わったら，全員で帰る／人に頼らない。

〔峯岸〕この質問は，非常に盛り上がりました。実際どうだったかを知ると…，「げー!!」「えーー!!」「ひえ～!!」「おー！当たったじゃん！」「オレたちが考えたのよりひどい!!」。子どもたちは，前の質問に半分冗談で答えていたのに，それが現実だったり，それ以上のルールだったのにびっくりし

ていました（笑）。

〔問題２〕そんな「部の決まり」に，私はどう思ったでしょう？
　ア．「部には必要なルールなんだろう」（１）
　イ．「３年生になるまでのガマンだ」（９）
　ウ．「こんな部, やめてやる」（11）
　エ．「そんな決まり，なくせばいいのに」（15）

〔問題３〕３年生が引退した後，２年生は「部の決まり」についてどうしたでしょう？
　ア．新たに「決まり」をつくり，もっと厳しくした。（３）
　⇒「１年が生意気だったら厳しくするべき」
　イ．いくつか廃止するなど，緩めた。（15）
　⇒「この２年生は，１年生にも優しいから，きっと緩めてくれると思う」
　ウ．そのまま受け継いだ。（18）
　⇒「そんなに簡単に変わらないと思う。伝統だから」
　エ．その他。（０）

〔問題４〕先輩の１人はどんなことを言ったでしょう？
　ア．以前あった決まりは復活させないように言った。（９）
　イ．元通りにした方が部のためかもしれないと言った。（11）
　ウ．これからの決まりについては，好きにしていいと言った。（16）
　エ．その他。（０）

〔問題５〕その後，私たちは「部の決まり」をどうしたでしょう？
　ア．もとに戻した。（６）
　イ．戻さなかった。（30）
　ウ．その他。（０）

□授業の評価と生徒の感想

５段階評価
■⑤とてもたのしかった　□②つまらなかった
■④たのしかった　□①とてもつまらなかった
■③どちらともいえない

| 16 | 9 | 11 |
0　5　10　15　20　25　30　35　40人

▷なんで３年生と１年生に差別をつくるんだろう。１年生が大変だと思いました。１年生

が入ったとき，3年生がきびしいルールをなくしたのがいいと思いました。(女子④)
▷僕も，読んであのルールはすごくいやだと思った。ふつうのルールの方が楽しいと思った。きびしすぎるルールより，ちょっと楽なルールの方が，バスケも上手になるんじゃないかと思った。(男子③)
▷先輩は，後輩にきびしくすることはあるけど，そんなにきびしくしなくてもいいと思いました。私だったら，もしかしたら部活をやめるかもしれません。(女子⑤)
▷先輩ってなんかひどいなぁ〜って思った。なんで自分がやだと思うことをやるんだろ〜って思いました。(女子④)
▷そのときの2年生が頼もしいと思った。(男子③)
▷たしかに，今まで呼び捨てにしていた人を「先輩」と呼ぶのは，ちょっとやだなと思った。(男子③)

□授業してみて──峯岸昌弘

とても興味深い話で気に入りました。「ルールは自分たちで考えて作っていけばいいんだ」というメッセージの素晴らしさはもちろんのこと，授業者がやろうと思えば「どこまでを〈適度な礼儀〉とするのか？」とか，「生きていく上で必要なルールは，この中にあるのか？」などといった人間関係を作るための知識や，その難しさをもテーマとして考えてもいける自由度があるのがいいと思いました。そこまで深くやらなくても，何かのルール作りをする前などに，「自分たちが過ごしやすいように，ルールは自分たちで作っていくのがいい」という話として使えていいなぁと思います。

今，群馬では，「小中連携」などといって，小学校6年生で，中学に向けた準備の学習が盛んになっています。そういう意味でも需要があるプランだと思います。

今回，5年生で一番盛り上がったのは，「部の決まりにはどんなものがあったのか」という質問でした。子どもたちは，まだ見ぬ中学のことを想像して，僕が考えていた以上に，いろいろ出し合っていて，とてもたのしそうでした。

　けれど，その想像を超える現実が紹介されて「中学が怖くなった」などの感想も出てしまいました（そのせいか，③の評価が増えてしまったように思います。授業はとてもたのしんで取り組んでいましたが）。でも，そのくらい覚悟して行ってもらったほうが逆にいいのではないかと思っています。

　それにしても，子どもたちは「自分たちに押しつけられるルール」に，とても敏感ですね。そういうルールがあったときに，変に納得しないで，素直に「おかしい」と思ったり，それを口に出したりすることができれば，お互いがもっと過ごしやすい関係を作っていけるのだろうと思います。

❖最後に

　峯岸さんのコメントにあるように，中学に入る前の段階で授業しておくことは，予備知識として有効なのではないかと思います。

　プラン作成に際しては，中一夫さんと峯岸さん，また大阪の坪郷正徳さん（小学校）からアドバイスをいただきました。どうもありがとうございます。

授業プラン
〈社会を動かすもの〉
社会で生きていくために一番必要なものは？

□中学校から
□関連する内容項目
▶C「公正，公平，社会正義」
▶A「正直，誠実」

中 一夫 東京・中学校

❖内容紹介

　私たちが社会で生活していくうえで，もっとも大切なものといったら何でしょう？　もちろん，命の大切さは当然ですが，お金や地位といったものや，体力・健康など自分の体のこと，責任感や礼儀など精神的なものなど，さまざまなものがあげられるでしょう。

　このプランでは，クレジットカードやお札，インフレーションなどの話も盛り込みながら，「この社会は，〈信用〉で動いている」ことを学ぶものです。また，〈信用〉ということに限らず，クレジットカードやローン，紙幣の価値などについての基礎知識も学べます。

　中学校以上での使用を考えていますが，大人でも十分役立つものだと思っています。また，道徳に限らず，社会などの授業でも使えると思います。

社会を動かすもの
～社会で生きていくために～
一番必要なものは？

❖❖❖❖❖❖❖❖❖❖❖❖
2013.5 初 版
2018.3 改訂版

プラン作成　中　一夫

はじめに

私たちが生活していくためには，衣（着るもの）・食（食べるもの）・住（住むところ）が必要です。そして，それらのどれにも〈お金〉が必要になります。それでは，お金はどうやって手に入るのでしょうか？

たいていの人は〈仕事〉をしてお金を手に入れます。それは大工さんのように体を動かしてものを作る仕事であったり，八百屋さんのようにものを売る仕事であったり，美容師やホテルマンのようにサービスを提供する仕事かもしれません。どのような仕事でも，働いてその報酬をもらうことで，私たちは生活ができます。

みなさんはまだ，自分が学校を卒業して，社会に出て働くということは想像もつかないことでしょう。それでも，「自分はどんな仕事をするようになるだろう？」とか，「ちゃんとうまくやっていけるだろうか？」などと思ったりすることもあるかもしれません。まだ経験していない未来のことは，たのしみである反面，不安に思う面もあるでしょう。そういうみなさんと，今日は，「社会で生きて

いく上で,大事にしなければならないこと」について考えてみたいと思います。

それはきっとみなさんの将来だけでなく,現在の生活にも役立つことになると思うのです。

◇◇◇

〔質問1〕 私たちが「社会で仕事をして生きていくうえで,最も必要なもの(こと)」とは,何だと思いますか?

あまりに漠然とした質問で困るかもしれませんが,下に,思いつくものを書き出してみましょう。そして,その中で,一番必要だと思うものは何でしょう。

みんなの答えを出し合い,みんなで「一番と思うもの」を選んでみましょう。

最も必要なものは？

「社会で仕事をして生きていくうえで最も必要なもの」とは，何でしょう？

「それぞれの仕事の能力」なのでしょうか？ それとも，「学歴」や「財産」でしょうか？「才能」「学力」「判断力」「交際力」といった個人の能力をあげた人もいるでしょう。「忍耐」「根性」「誠意」などという答えや，「運やチャンス」と考えた人もいることでしょう。

けれども，どの仕事についても「これが一番必要だ」というものは，何と考えればいいのでしょう？ それを考えるために，〈お金〉について考えてみましょう。

◇◇◇

〔質問2〕 生活のすべてにお金が必要となりますが，いまでは〈現金〉を使わないで物を手に入れる・買い物ができる方法がいくつもあります。みなさんはどんな方法を知っていますか。知っているものをあげてみてください（法に触れるような方法は除きます）。

現金がなくても買い物ができるやり方

「その場に現金がなくても、もののやり取りをする」というのは、けっしてめずらしいことではありません。

「物と物を交換すること＝物々交換」や、現金を払う代わりに労働をして品物を手に入れることは、お金が発明されるよりはるか昔から行われてきたことです。また、「後払い」「つけ」などという、「後でお金を払う約束で、とりあえず品物を手に入れること」も、広く行われてきました。

「お米券」「ビール券」「商品券」などは、あらかじめお金を出してそのお金に相当する品物と交換できるようにしたものです。

最近は「クレジットカード*」というものが普及し、現金を持っていなくても、そのカードを使うことでかなり高額な買い物ができたりします。クレジットカードを使うと有利になる機能もあったりすることから、最近はカードを使う割合が高くなってきました。また、インターネットなどを通じて品物を注文し、同じようにカードで支払ったり、あとでお金を振り込んだりすることも急速に広がってきています。

けれども、そのように「代金をその場で払わなくても買い物ができる」というのは、考えてみたら不思議な話です。その人が本当にお金を払うかどうかは、その場では分からないのに、どうしてそんなことが可能なのでしょう？

*似た名前のものに「キャッシュカード」というものがありますが、それは「バンク（銀行）カード」とも言い、銀行で自分の口座からお金を出し入れするために使います（最近では、銀行からお金を借りるクレジットカードの機能のついたものも普及しています）。

〔質問3〕 クレジットカードなどでの買い物では，銀行の自分の預金口座などから買い物の代金分のお金が引き落とされたりして，お店に支払われる形になります。

それでは，預金口座にお金がなく，それらの代金を払えなかったりしたら，どういうことが起こるのでしょう？ 知っていること，考えたことなどを，下に書いてみましょう。

クレジットカードとは？

　預金口座から代金の支払いができなかった場合，見るからに恐い人が，家に借金を取りたてに来ることをイメージする人も多いでしょう。いつまでもお金を払わず，金額が非常に高くなった場合には，そういうことも起こりえます。けれども，それより以前に，まずはカードでの買い物はできなくなります。また，お金を借りて，決められた期限までに返済しなければ，かなり割高の「超過金（ちょうかきん）」を請求されます。「超過金」は，レンタルショップなどでも，借りたものが期日を過ぎてしまったときに「延滞料（えんたいりょう）」として請求されるので，知っている人も多いでしょう。それは一種の罰金です。

　それでも支払いができないと，裁判に訴えられ財産が差し押さえられたり，警察に逮捕されることもあります。ものを買ったのにお金を払わなければ，それは犯罪だからです。そして，買った本人だけでなく家族みんなの責任として支払いを求められます。

　さらに，カードで買い物をした人がその代金を支払えなくなるということは，「支払い能力がない人」とみなされ，再びカードを持つことはできなくなります。たとえ他の会社のものでも，カードは発行されなくなってしまうのです。また，カードを使わなくても，「分割払い」という何回かに分けて代金を支払う方法も受け付けてもらえなくなります。

◇◇◇

〔質問４〕　そのような形でカード発行を停止された人たちには，その後，どのような困ることがおこるでしょう？　思いつくことがあったら，出しあってみましょう。

ローンと消費者金融

　カードが使えず分割払いもできないと、つねに現金で、しかも一度に払う形でしか買い物ができなくなります。そうなると、高額のものは買いにくくなります。一度に多額のお金を用意することは難しいからです。車のような高価なものを買いたい場合には、うんと困るでしょう。

　さらにもっと大きな買い物——家を建てたり、マンションを買ったりなどという場合には、ふつう銀行などで「ローン」（借り入れ契約）というものを組んでお金を借ります。都会で家を建てたり買ったりするには、一千万円以上のお金がかかるのがふつうです。それだけのお金を一度に用意できる人はわずかですから、ほとんどの人はローンでお金を借りて家を建てることになります。

　一定の金額の利子を払いながら、長い時間をかけて借りた多額のお金を返していくわけです。多額のお金を借りる際には、それだけのお金をきちんと返せるかどうかの審査もあります。お金を返すためには安定した収入が保証されていなければなりません。ですから、雇用が不安定なフリーターやアルバイトなどは、銀行からお金を借りることはできません。もちろん、高額のローンなどは組めません。

　そこで、そういう審査の厳しくない「サラ金」（サラリーマン金融）などと呼ばれる「消費者金融」からしかお金を借りる手段がなくなります。そういうところは、手軽にお金を借りることはできますが、非常に利子が高く＊、早期に返済しないとすぐに借りたお金よりも利子で請求されるお金の方が高くなってしまいます。

　＊ 消費者金融などでお金を借りた場合、返さなければならないのは、最初に借りたお金とその利子分で、しかも、その利子にも利子がつく〈複利〉

という方式です。たとえば、年間20％の利子（年利）で100万円借りた場合、4年たたないうちに、借金の額は元の倍の200万円になってしまいます。10年返さずにいると、600万円、20年では何と4000万円にもなってしまいます。

クレジットや契約と〈信用〉

ところで、「クレジット（credit）」という英語は、「信用」という意味です。つまり、クレジット会社はその人を〈信用〉して、そのカードを発行するわけです。

そもそも、クレジットカードを発行する際には、その人の年齢や職業・収入などを審査し、その人に支払い能力があるかどうかを確かめたうえで作られます。そして、クレジットカードには「限度額」という、カードで買える上限の金額が決まっており、それ以上の高額の買い物はできないようになっています。その「限度額」の設定は、契約したそれぞれの人への「信用度」により違っているのです。

また、会社や企業などがかわす「契約」というものは、その場で現金がすぐに動くというものではありません。お互いが「いつまでに何をどうするか」ということを約束し、それを〈契約書〉という形にして、ものの納入やお金の支払いを決めるわけです。お互いに相手がその約束を果すことを前提に、いろいろな仕事を進めていきます。

そういうときに、ものの納入やお金の支払いの期限が守られなかったら、契約した相手は大きな被害を受けてしまいます。そこで、こうした被害については、「賠償金」というものを求めることができます。社会での〈約束〉（＝契約）というものは、お互いの運命を左右するものにもなるので、お互いに守ることが厳しく求められ

るのです。

　このように，現金がなくてもカードで買い物できたり，まだできてない商品に関しても取引が成り立つのは，「必ず（お金を払ったり・品物を届けるという）約束が守られる」という前提，つまり〈信用〉がなければなりません。

　〈信用〉がなければ，取引もなりたたず，お金を借りたり，ものをカードで買ったりすることもできなくなります。

◇◇◇

〔質問5〕　〈信用〉を強く必要とするものとして，〈お金〉のことを考えてみましょう。
　　わたしたちは，貨幣や紙幣には価値があると信じています。では，〈お金〉として使われている1万円札の材料の値段はどのくらいだと思いますか？

ア．1000円以上。
イ．数百円程度。
ウ．数十円程度。
エ．数円程度。
オ．その他。

お金と〈信用〉

 1万円札の材料の値段は,20円程度です。つまり,20円くらいでできるものを1万円として通用させるのは,「この紙は1万円としての価値がある」と政府が保証しなければなりません。1万円札は,「それが1万円の価値がある」とみんなが信用しなければ,ただの紙切れになってしまいます。

 じっさい,政府が資金不足などをおぎなうために大量に紙幣を発行したりすると,紙幣の価値と信用度が下がります。そして人びとは「紙幣よりモノで持っていた方が安心だ」と思い,紙幣との交換をいやがります。その結果,モノの値段(物価)がどんどん上がっていきます。それを「インフレーション」といい,第一次世界大戦後のドイツなどは,空前のインフレーションにみまわれました。以前は数マルクで買っていたパン1個が「1兆マルク」にまで値上がりし,人びとは1個のパンを買うためにもリヤカーに札束を山積みにして買い物したほどです。そしてついに,「100兆マルク紙幣」まで発行されたのです。

 そうなってしまうと,ものを買うのに困るだけでなく,いままで貯金していたお金も紙くず同様になってしまいます。それがどれほどたいへんなことか,想像がつくでしょうか?

 安定した社会を目指すには,お金(紙幣・硬貨)の〈信用〉というのは,絶対に必要なものなのです。ですから,どこの国でも贋金(偽造紙幣)作りなどは厳罰に処されます。1万円札をコピーしたりすることが禁止されるのも,そのためです。

− 10 −

信用を失うとき，得るとき

　それでは,「信用が崩れた時」にはどういうことが起こるのでしょう？ 売っている商品の欠陥などが明らかになったり，品物がもとで病気や事故が起こった場合，その会社やお店の信用はがた落ちしてしまいます。問題となった商品だけでなく，その会社・お店がつくっている他の商品も疑われ，買われなくなります。一つ信用が疑われただけで，その影響は全商品に及び，結果は計り知れないものになります。商売をやっていくうえで「信用をなくす」ことは，死活問題なのです。

　けれども,「信用が崩れたときの対応で，逆に信用を得た」という例もあります。

　1982年，アメリカの製薬会社ジョンソン・エンド・ジョンソンが製造した頭痛薬に，何者かが毒物を混入し，7人が死亡するという事件が起こりました。その際，ジョンソン・エンド・ジョンソンは，ただちにすべての頭痛薬を回収し，販売を中止しました。それには多額の費用がかかりましたが,「安全」という信用を得るために必要なことだと判断したのです。そして，原因追求をすすめるとともに，異物を混入することができないよう，製品パッケージを三層の密閉構造へと改良した上で，発売を再開したのです。

　その対処は,「あの会社の製品は信用できる」という印象を与え，その後，人々は逆に安心してジョンソン・エンド・ジョンソンの商品を買うようになりました。そして，会社の利益も増えることになったのです。そのときの対応は，いまでも危機管理のお手本として高く評価されています。

おわりに

　さて,みなさんはこの文章を読んでどう思ったでしょうか?
　〈お金〉をかせぐための仕事・商売には,〈信用〉は不可欠です。そもそも〈お金〉そのものさえ,〈信用〉で成り立っています。私たちの社会は,そのように〈信用〉が何より大事な価値なわけです。そういう〈信用〉はどのようにして得られるのでしょう? よく,「自分は信用されない」と嘆く人がいますが,信用を得るために,どういうことをしていけば,心がけていけばよいのでしょう?

*

　そもそも,〈信用を得る〉ということはたいへんなことです。「仕事をきちんとやる」という信用が得られない人は,雇われないでしょうし,雇われても長続きしないでしょう。少なくともその人の〈信用度〉に応じての仕事しかまわってこないでしょう。〈信用〉された人には,さらに責任の重い仕事も任されるでしょう。

　結局,そういう〈信用〉は,私たちの毎日の生活・仕事への取り組みの姿勢から得られていくものです。地道で誠実な取り組みの積み重ねで,はじめて〈信用〉されてくるものなのですから。

　それに気づくことが,〈信用〉を得るための第一歩と言えるでしょう。

　最後に,この文章の感想を聞かせてください。

授業記録
〈社会を動かすもの〉
―― 中学2年 ――

「今回のはすごく長かったけど，その分内容がすごかった。でもお金のことについてはとても勉強になった気がする。〈社会を動かすもの〉は将来すごく役に立ちそうだと思った」(感想文より)

山田岳史　岡山・中学校

❖はじめに

　この授業記録は，中 一夫さん（東京・中学校）が作成された道徳プラン〈社会を動かすもの〉を，3回にわたって中学2年生の担任クラスで行ったときのものです。記録は，ボクや子どもたちの発言をほとんどそのまま載せていますので，いくぶん読みにくい点もあるかもしれません。ですが，かえってその方が，授業の雰囲気もより伝わるのではないかと思い，あえてそのままにしています。

　このプランは，「社会で生きていくために一番必要なものは？」という副題がついています。それを「信用」をキーワードに考えていくプランです。「道徳の時間」には，「道徳的な何か」を「教える」ことが大切なのかもしれませんが，ボクはそういう授業はあまり好きではありません。それよりも，「知って良かった」「楽しかったな」と思えるような授業を1時間でも多くしたいと思っています。

　このプランは，社会や世の中の仕組みに興味を持ち始めた中学生

にとって，とても学び甲斐のある内容で，ピッタリのプランです。

＊これより以下は，生徒向けに発行した学級通信を編集し直したものです。なお，▰▰▰で示したプラン本文は，授業実施当時のもののため，最新版の内容（213ページ）とは一部異なる箇所があります。

〈社会を動かすもの〉
―― 1時間目 ――

この時間は，全12ページあるプランのうち，最初の2ページ（「はじめに」から「質問1」まで）をやりました。

山田　はい，今日の道徳は〈社会を動かすもの〉というプランをやります。これはちょっと内容的にも長くて，今日1時間じゃあ終わらんから，何回かシリーズ的にやっていこうと思います。じゃ，さっそく1ページからいきま〜す。

> はじめに
> 私たちが生活していくためには，衣（着るもの）・食（食べるもの）・住（住むところ）が必要です。そして，それらのどれにも〈お金〉が必要になります。それでは，お金はどうやって手に入るのでしょう？
> たいていの人は〈仕事〉をしてお金を手に入れます。それは大工さんのように体を動かしてものを作る仕事であったり，八百屋さんのようにものを売る仕事であったり，美容院やホテルマンのようにサービスを提供する仕事かもしれません。どのような仕事でも，それで報酬をもらうことで，私たちは生活ができます。

山田　例えばオレは「教師」って仕事をしてるけど，これはサービス業になります。みんなに授業とかそういう「サービス」をして，それで給料，お金をもらってる。

> みなさんはまだ，自分が学校を卒業して，社会に出て働くということは

想像もつかないことでしょう。それでも,「自分はどんな仕事をするようになるだろう？」とか,「ちゃんとうまくやっていけるだろうか？」などと思ったりすることもあるかもしれません。まだ経験していない未来のことは,たのしみである反面,不安に思う面もあるでしょう。そういうみなさんと,今日は,「社会で生きていく上で,大事にしなければならないこと」について考えてみたいと思います。

　それはきっとみなさんの将来だけでなく,現在の生活にも役立つ話になると思うのです。

山田　いつも言うけど,中学校っていうのは義務教育の最後の３年。で,卒業したら社会に出ていいわけ。ほとんどの人が高校に進学するのが今の日本なんやけど,でも高校に行きながらアルバイトをしたりするのも,ある意味では社会に出るってこと。11月にはチャレンジワーク（就業体験）もあるんで,そういうことも含めて,「社会で生きていく上で,大事にしなければならないこと」についてやっていこうと思います。はい,じゃあ〔質問１〕。

〔質問１〕「社会で仕事をして生きていくうえで,最も必要なもの（こと）」とは,何だと思いますか？

山田　いろいろと必要なことがあると思います。なんで,まずは思いつくものをどんどん出していってみましょう。はい,誰か？

麻生直希くん　あいさつをすること。

友村聡美さん　礼儀。

中田愛里さん　感謝の心。

西田捺央くん　敬語。

川田大誠くん　知恵。

橋本悠くん　経験。

岸上直輝くん　友達。（数名「キッシーらしいなぁ」）

麻生直希くん　気遣い。

友村聡美さん　笑顔。(数名「おーーー」)
川田大誠くん　努力。
横田颯くん　助け合い。
友村聡美さん　目標。
山田　「○○力」って言葉もあるよなぁ。
麻生直希くん　決断力。
片岡大飛くん　行動力。
麻生直希くん　判断力。
友村聡美さん　集中力。
橋本悠くん　体力。
川田大誠くん　経済力。
三橋力綺くん　運。
廣重愛依さん　理解力。
西田捺央くん　想像力。
星島光くん　自信。
麻生直希くん　思考力。
山田　なんか，中学と一番関係しとるのがまだ出てないような…。
中田愛里さん　団結力。
渡辺日南子さん　協力。
大淵柚穂さん　持続力。
桐本留奈さん　何それ？
山田　ずっと続ける力よ。例えばバスケで言ったら，いくらシュートがよく入っても，それが5分しかもたないんだったら，あとは役に立たないでしょ。やっぱり32分間続くかどうか。
菊池知廉くん　忍耐力。
桐本留奈さん　向上心。

渡辺日南子さん　意欲。

西田捺央くん　技術。

岸上直輝くん　学力。

橋本悠くん　学歴。

山田　…くらいか？　まだあるかもしれんけど，続きにいくで。

〔質問1の続き〕…そして，その中で，一番必要だと思うものは何でしょう。みんなの答えを出し合い，みんなで「一番と思うもの」を選んでみましょう。

山田　ということなんで，……そうやな，自分の中で1位から5位までを，ちょっと順位つけてみて。（しばらく待って）じゃあ，みんなが一番に何を選んだかだけ聞いてってみようか。

あいさつ／感謝の心……各5人　　　礼儀／運……各4人
友達……2人
笑顔／目標／行動力／判断力／体力／経済力
協力／持続力／忍耐力／意欲／技術／学歴……各1人

山田　すげぇバラけたなぁ。それだけ，一人ひとりにとって何が大事かという感覚も違うし，このどれも大事ってことよなぁ。じゃあ，順番に理由を聞いていきます。

庄原涼平くん（あいさつ）　大切だから。（笑）

迫水泰佑樹くん（あいさつ）　自分があいさつしたら気持ちいいし，相手にもいい印象を与えるから。

麻生直希くん（あいさつ）　飲食店とかでお客さんが入ってきたときに「いらっしゃいませ」とかがなかったら雰囲気悪いし，帰るときに「ありがとうございます」とかなかったら，また来ようという気がなくなるから。

大谷優奈さん（礼儀）　他のことができていても，礼儀ができてないといけないから。
祇園朱音さん（礼儀）　人として要ることだと思ったし，礼儀の中にあいさつとか敬語も含まれると思ったから。
橋本悠くん（礼儀）　人と付き合う中で当然だと思ったから。
樋口成くん（感謝の心）　大切だから。
石原央貴くん（友達）　家族以外にも頼れる存在があった方がいいから。
永見愛夢さん（笑顔）　何にしても笑顔が大切と思った。
岡本京香さん（目標）　目標があった方が頑張っていけるから。
辛嶋佑紀くん（行動力）　とりあえず一番に行動しないと，できないことが多い。
友村聡美さん（判断力）　仕事を頼まれても判断力がないと，それをどういうふうにしたらいいか分からなくなる。
星島光くん（体力）　なんとなく。
有江未来さん（経済力）　世の中，お金がないと生きていけないから。
川田大誠くん（経済力）　金がねかったら家とか買えんし，全部がダメになって，あいさつとかする気にならんけぇ，一番大切かなと思った。
大淵柚穂さん（運）　人との出会いも運だし，その仕事との出会いも運だから，その場の運で人生が左右されるから。
倉長将吾くん（協力）　一人だけだとできないことも，協力したらできるようになるから。
勘納悠希さん（持続力）　何事も続けないと伸びていかないから。
樋口孔太くん（忍耐力）　我慢とかしてないと気が抜けるから。

桐本留奈さん（意欲）　なんとなく。

三橋力綺くん（技術）　技術がないと何もできないし，何もできないと生きていけないから。

西田捼央くん（学歴）　学歴がないと会社に入れないから。たくさん入れんのん！？

山田　そりゃあ，そういうこともあるかもしれん。入社試験を受けるときは，履歴書っていうのを出すんよ。それには，小学校からずっと，自分がどこの学校を卒業したとか，その会社の前にどこに勤めとったとか，全部書くようになっとる。まぁ，みんなで言うところの内申書みたいなもんかな。履歴書は自分で書くんやけどね。実物，見たい？

たくさん　見たい！

山田　じゃあ，また準備して見せるわぁ。

　ということで，この授業プランの1時間目は終わりました（この時間で約束した「履歴書」の実物については，後日，インターネットで見つけてきた見本を見せました）。

❖1時間目を終えての感想

▷社会で大切なことがいっぱい出て良かったと思う。やっぱ社会のことをいろいろ知ってた方がいいと思う。将来，活かせれたらいいなと思う。（片岡大飛）

▷社会で仕事をして生きていくうえで最も必要なもの（こと）はたくさんあるんだと思った。どんなものが必要なのか，会社，職業によってそれは違うのか気になった。順位をつけるのは楽しかった。（祇園朱音）

▷いろいろな人の意見が聞けて、楽しかった。同じことを大切だと思っている人でも自分と違うことを言っていたので、おもしろかった。(橋本悠)

▷今日はみんなで意見をい〜っぱい出して、楽しかった！ 一人ひとりの１位が違って、みんながどう思っているかが知れた！(三橋力綺)

▷人によって「社会で仕事をしていく上で最も必要なもの（こと）」の１位が違って、いろんな人の意見が聞けておもしろかったです。次の時間もとても楽しみです。(杉本明花)

▷社会で働くためにはいろいろなことが必要だし大切だということが分かった。自分の考えだけでなく、友達の考えを聞けて良かったです。(中田愛里)

▷みんなの意見が聞けて、その意見に納得したりできたのがおもしろかった。いろいろ大切なことが知れて良かった。(横田颯)

〈社会を動かすもの〉
──２時間目──

この時間は、プランの３〜９ページ（「最も必要なものは？」から「クレジットや契約と〈信用〉まで」）をやりました。朝読書の時間に前回の授業記録を配り、ちょっと内容を思い出してもらってからの授業です。

山田　はい、じゃあ今日は先週の続きで、３ページからいきま〜す。

最も必要なものは？
「社会で仕事をして生きていくうえで、最も必要なもの」って、何でしょう？

▎やはり,「それぞれの仕事の能力」なのでしょうか?

山田　この「仕事の能力」っていうのが,前回みんながいろいろ言った,集中力とか持久力,決断力,判断力,理解力,想像力,思考力とかになるんじゃないかな。

▎…それとも,「学歴」や「財産」でしょうか?「才能」「学力」「判断力」「交際力」などの個人の能力を答えた人もいるでしょう。「忍耐」「根性」「誠意」などという答えや,「運やチャンス」と考える人もいることでしょう。

山田　経済力っていうのは財産かもしれんわなぁ。ここに書いてあるのは,けっこう全部みんなから出たよなぁ。

▎けれども,どの仕事についても「これが一番必要だ」というものは,何と考えればいいのでしょう? それを考えるために,〈お金〉について考えてみましょう?

山田　はい,ということで,今日は〈お金〉というのを切り口に考えていきます。社会っていうのは,一言で「社会」っていっても,いろんな要素がある。なので今日はこの〈お金〉というのを切り口に考えていきたいと思います。

〔質問2〕　生活のすべてにお金が必要となりますが,いまでは〈お金〉を使わないで物を手に入れる・買い物ができる方法がいくつもあります。みなさんはどんな方法を知っていますか。知っているものをあげてみてください(法に触れるような方法は除きます)。

山田　さぁ,どんな方法があるでしょう?
西田捺央くん　カード!
山田　何カード?
西田捺央くん　えっとなぁ,ジャスコカード。
友村聡美さん　ワオンじゃねん?

山田　あ～，あのピッてやったら「ワオンッ」って言うやつ？

三橋力綺くん　先生，持ってねん？

山田　オレの奥さんが持ってる。一緒に買い物行ったら，「ワオンッ」ってやりょーる。

誰か　でも，どーせお金をチャージせんといけん。

三橋力綺くん　お財布ケータイ。

山田　あ～，オレの携帯にもついとるわ。はい，他に？

友村聡美さん　株主優待券。

山田　お前，すげぇの出てくるなぁ！

渡辺日南子さん　何それ～？

西田捺央くん　オレ，知っとるよ。もらえるんじゃろ～？

山田　株っていうの，分かる？　会社を作るときに，最初にお金がいるが。会社を建てるんだったらそのお金もいるし，車を買ったり，機械を買ったり。そういうふうに，最初にいるお金のことを「資本金」って言います。すげぇ金持ちで，自分でバァーンと資本金が出せる人もおるけど，そうじゃないことも多い。例えば，オレが明日から会社を作るとする。それで資本金が1000万いると。でも，1000万も持ってねぇが。そんときに株券っていうのを作って，「これを渡すから，1万円貸して」っていうの。「会社がうまくいったら，それを買い戻すこともするから」って。それを1000人にできたら，1000万円集まるでしょ。まぁ，要は紙切れや。この紙切れを1万円で買ってって話。

樋口成くん　えっ！？　そんなんを……！？

山田　その代わり，成が，「オレ，金がなくなったけん，この株券を返すけん，1万円返して」って言ったら，「分かった」と。でも，急にみんなにそう言われたら困るから，「もうちょい待って」と。

「その代わり，1年それを持っててくれたら，100円あげるから」と。そしたら，持ってるだけで得でしょ。それとか，山田株式会社が遊園地を作るとするでしょ。そしたら，株を買ってくれた人のことを「株主」っていうんだけど，「じゃあ株主には，並ばずに乗れる優待券をあげます」と。これが株主優待券です。

数名　あ〜〜。

山田　そうやって株券を買ってもらうことで資本金を集めるのを「株式会社」っていうの。

数名　ふ〜〜ん。

山田　そしたらね，分かりやすく言って，会社がある年に1000万円儲かったとするじゃん。それは誰のモノなんだってことがある。

西田捺央くん　えっと，株主のモノ？

山田　そうなるでしょ。もちろん，社長とか社員の給料も払った残りの儲けね。そしたら1000万円儲かったから，株主みんなで分けようやって話になる。「成，ありがとう。君がこれを1万円買ってくれたおかげで儲かったから，これだけは君の取り分です」って渡すの。これを「配当金」っていうの。

数名　ふ〜〜ん。

山田　そしたらね，「あの株券を持ってたら，毎年配当金がもらえる」ってなったら，その株券が欲しくなる人もいるでしょ。「ちょっと成，オレ3万円出すから，それをゆずってくれんか？」と。でも3万円持ってても，配当金が入ってきて何年かしたらチャラになるかもしれんし，また売ればいいでしょ。そしたら成も，「おぉ，オレちょうどプレステ4を買うのに3万円欲しかったから，いいよ，売るよ」と。そしたら，〈1万円の株券〉が3万円で売り買いされることになる。山田遊園地がもっと大きくなっていって，

配当金とかももっと多くなったら,「将吾,それ3万円で買ったやつを,5万円で売ってくれん?」って人が出てくる。これが,「株価が上がる」ということです。「株が上がった,下がった」って毎日ニュースでやってるけど,それはそういうこと。まぁ,株のことは,また別のときに話をしようかな。なんとなく分かった? まぁ,今はなんとなくイメージだけ分かったらいいわ。……はい,じゃあ他?

三橋力綺くん　図書カード。

川田大誠くん　クオカード。

渡辺日南子さん　プリペイドカード。

西田捺央くん　テレフォンカード。

麻生直希くん　えっと,パン屋さんに行って,余ったパンの耳をもらう。(笑)

山田　そうやな! パン屋さんとかで余ったパンの耳は,パンをいくつか買った人は,「ご自由にお持ち帰りください」とかって書いてあるよな。

樋口成くん　へぇ～～～～～。(←かなり長かった)

三橋力綺くん　大根の葉っぱ!(笑)

山田　なるほど,売りょーるのは先を切ってるもんなぁ。農協とかに行ったらもらえるかもしれん。

川田大誠くん　商品券。

山田　あるなぁ。オレももらったことあるわ。

三橋力綺くん　ギフト券。

山田　あるな。ギフトっていうのは「贈り物」ってことな。ミスチルの歌にもあるが。♪い～ちばん,きれ～いな～モノ～ってな～んだろ～♪

桐本留奈さん 「色ってなんだろう」じゃろ！（笑）

山田 あ，色か。はい，他？

横田颯くん ポイントカード！

山田 ポイントためたら交換とかあるよな。

三橋力綺くん ICOCA（イコカ）。

山田 ICOCAってどこで使うんけぇ？

三橋力綺くん 電車！

山田 あぁ，そうか。あのな，これ「お金を使わないで物を手に入れる方法」ってなっとるけど，問題の意味からしたら，サービスも入るな。例えば電車っていうのは，「ここからあそこまで乗せていく」っていうサービスを売ってるわけ。はい，他？

西田捺央くん Suica（スイカ）！ あと，VISAカード！

山田 クレジットカードの1つな。クレジットカードの説明も，ちょっとしようか。買い物をしたときに「カードで」っていうの，見たことない？ あれがクレジットカードなんやけど，〈カードで支払う〉っていうことは，〈その時すぐにはお金を払わない〉ってことなの。オレが今日買い物してカードで払ったら，例えば〈8月1日にまとめて支払う〉ってことになってるの。必ず銀行口座とセットになっていて，その代金分が自動的にそこから引き落とされるっていう支払い方。同じ店で，「今日は1万円」「来週は2万円」「また次の週は3万円」って買い物をして，1回1回現金を払うのはめんどくさいが。そういうときにカードでやってたら，8月1日に6万円をまとめて引き落としてくれるの。そういうのがクレジットカード。一括払いもあるし，分割払いもできる。8月1日に6万円を一気に払うのが一括払いで，「8月に1万円，9月にも1万円，10月にも1万円」って12月まで1万円ずつ払

うってのが分割払い。なんとなく分かった？

桐本留奈さん　ふ〜〜ん。

山田　はい，他に？

三橋力綺くん　nanaco（ナナコ）カード。

山田　あぁ，セブンイレブンのやつか。

桐本留奈さん　どこでも使える。プリクラとかでもあるよね？

山田　あぁ，そうなん！？

誰か　ポンタカードでも撮れる。

山田　あ，そうなんじゃ〜。え〜，最近プリクラ撮ってねぇけぇ，知らんわぁ。

数名　撮るん！？（笑）

山田　昔は撮ったわぁ。はい，他に？

友村聡美さん　Tポイントカード。

山田　おっ，それもオレ持っとるわ！　TSUTAYAで使えるやつじゃろ？　はい，他にない？　じゃあ，次にいこうか。

お金がなくても買い物ができるやり方

「その場に現金がなくても，もののやり取りをする」というのは，けっしてめずらしいことではありません。

「物と物を交換すること＝物々交換」や……

山田　大昔は，物々交換ってやってた。

桐本留奈さん　ブツブツって？（笑）

山田　そのブツブツじゃない。（笑）例えば，米をたくさん作ってる人は，それ全部は食えんでしょ。で，例えば優奈が，ニンジンを死ぬほど作りょーるとする。そしたら，「優奈，米これだけあげるから，ニンジンちょーだい」って言ったら，オレも優奈も，米もニンジンも食べれる。で，将吾は大根を作りょーるとするが。

そしたら，米と交換したら，米もニンジンも大根も食べれる。分かる？　で，未来は牛を飼よーとするが。「じゃあ米をあげるから，ちょっと牛乳ちょーだい」と。これが物々交換。今でも似たようなことはあって，ご近所で「ちょっとこれたくさんもらったから，どうぞ」ってあるが。お裾分けっていうの。「そういえばこの前，あの人が魚をたくさん持ってきてくれたから，いいハムが届いたから1つ持っていこうか」とかってやるが。そういう付き合いね。

> …お金を払う代わりに，労働をして品物を手に入れることは，お金が発明されるよりはるか昔から行われてきたことです。また，「後払い」「つけ」などと言う，「後でお金を払う約束で，とりあえず品物を手に入れること」も，広く行われてきました。

山田　「つけ」って分かる？　テレビで飲み屋とかで，「ママ，つけといて」なんてシーン，見たことない？　あれは何につけるのか？　帳簿やノートにつけるの。「山田さんが飲みにきて，3千円。また何日かして来て，5千円。次は連れと来て，8千円」みたいに飲んで，「つけといて」と。で，給料やボーナスが出たときに，「山田さん，ボーナスが出たでしょ。つけが4万円たまってるわよ。持ってきてね」「分かりました」と。そんな感じ。なんかクレジットカードに近いけど，それよりもっとゆるいというか，クレジットカードは間にクレジットカード会社が入ってきちんとしとんじゃけど，「つけ」ってのはお店とその人個人とか，お店とある会社の間だけでやってるもんなの。

> 「お米券」「ビール券」「商品券」などは，あらかじめお金を出してそのお金に相当する品物と交換できるようにしたものです。
> 　最近は「クレジットカード」*というものが普及し，現金を持っていな

くても，そのカードを使うことでかなり高額な買い物ができたりします。クレジットカードを使うと有利になる機能もあったりすることから，最近はカードを使う割合が高くなってきました。また，インターネットなどを通じて品物を注文し，同じようにカードで支払ったり，あとでお金を振り込んだりすることも急速に広がってきています。

けれども，そのように「現金がなくても買い物ができる」というのは，考えてみたら不思議な話です。お金を持っていないのに，ものが買えるわけですから。その人がお金を払うかどうかは，その場では分からないのに，どうしてそんなことが可能なのでしょう？

山田　ねぇ。「あとで払うよ。つけといて」って言って，もしかしたらもう二度と店に来んかもしれんが。そういう危険があるでしょ。

＊似た名前のものに「キャッシュカード」というものがありますが，それは「バンク（銀行）カード」とも言い，銀行で自分の口座からお金を出し入れするために使います（最近では，銀行からお金を借りるクレジットカードの機能のついたものも普及しています）。

山田　キャッシュカードっていうのは，自分が銀行に預けてるお金を引き出すためのカードね。でも，デパートとかで，キャッシュカードで買い物ができたりするとこもあるよなぁ。オレ，中国銀行のキャッシュカードで買い物したことあるもん。じゃ，次いきます。

〔質問3〕　クレジットカードなどでの買い物では，銀行の自分の口座などから買い物の代金分のお金が引き落とされたりして，お店に支払われる形になります。

それでは，口座にお金がなく，それらの代金を払えなかったりしたら，どういうことが起こるのでしょう？

山田　例えばオレが，めっちゃええスーツを20万で買った。6月の終わりにボーナスが出るから，それをアテにして買ったとする。

クレジットカードで買って,「6月30日にボーナスが出るから,7月1日に引き落として」ということにしてたとする。ところがオレはそれを忘れとって,6月30日になって,「やった,ボーナス出た！飲みに行こう！」って,連れを100人くらい集めて飲み会して（笑），20万のスーツを買ったのに6月30日に使っちゃって,残りが10万円しかなくなった。払えんが。で,そのスーツを買った店の人は,「7月1日がきたから,山田さんから20万円を引き落とししよう」と。そしたら10万しかない。「おいっ,金ねぇじゃねぇか！」と。つまり払えなかったと。そしたら,「どういうことが起こるのでしょう？」とある。まぁ,「どんなことが起こりそうですか？」と考えたらいい。

川田大誠くん　え〜っと,そういう服買ったりするところでは信じてもらえんようになって,現金払いしかできんようになる。

友村聡美さん　店から通知がくる。

山田　なるほどな。「7月1日に引き落としができなかったので,お店に持ってきてください」と。そりゃあ来るだろうなぁ。これを督促状（とくそくじょう）といいます。どっちも起こりそうやなぁ。

桐本留奈さん　借金取りに追われる！

山田　ようあるなぁ,テレビドラマとかで。ドンドンドンッ！「おい,山田！ いるのは分かってるんだっ！！」みたいなやつな。黒いスーツ着てヒゲ生やした,ゴツい奴な（笑）。そういうこともあるかもしれんわなぁ。世の中でそんなことがまったくないんなら,テレビのドラマでもそんなシーンはやらんじゃろうからなぁ。……まぁ,1回だけくらいなら大誠とか聡美が言ったくらいで終わるかもしれんけど,何回もくり返したらどうなると思う？ ってか,じゃあ逆に,みんながお店の方だったら,どうする？

西田捺央くん　通報する。警察に。

山田　そうやなぁ。商品をとられてるからなぁ。他には？

川田大誠くん　払ってもらうお金に利子をつけて，返してもらうお金を増やす。

山田　そうやなぁ。「延滞料金」とか「遅延金」とか言います。ビデオでもそうじゃが。1週間で返すっていう約束で借りるわけやろ。それで1日延びたりしたら，200円とかとられる。オレこの前，200円とられた（笑）。　ああいうのもそうやなぁ。だって借りるときに書いてある。はい，他に？

麻生直希くん　裁判？

山田　うん，裁判にもなるかもしれんね。何回催促しても払ってくれんかったらなるかもしれん。裁判っていうのはね，告訴っていうのをしたらなります。告訴っていうのは何かと言ったら，三橋商店が「山田さんがスーツを買って，何回言っても払ってくれないから，裁判所で払うように命令してくれませんか」と，そういう届けを出すことを「告訴する」と言います。そしたら裁判所からオレのところに通知が来ます。「山田さん，あなた三橋商店から買ったスーツ代，払ってないでしょ。裁判所が間に入ってどうするか決めるから，何月何日の何時に，どこどこ裁判所の第何法廷まで来てください」って呼び出しが来る。

桐本留奈さん　それも行かんかったら，どうなるん？

山田　それも行かんかったら，いずれは捕まるんじゃないんかなぁ？　それか，自分の言い分を言えれんから，それ無しでいきなり判決とかになるかもしれん。ちょっと詳しくは分からんけど。用事とかでどうしても行けれんってなったら，日程は変えれるのかもしれんけど，無視して行かないというのは，ちょっとね。

……いろいろ恐いことも起こりそうです。じゃあ次にいきます。

クレジットカードとは?
見るからに恐い人が，家に借金を取りたてに来ることをイメージする人も多いでしょう。いつまでもお金をはらわず，金額が非常に高くなった場合には，そういうことも起こりえます。けれども，それより以前に，まずはカードでの買い物はできなくなります。また，お金を借りて，決められた期限までに納めなければ，かなり割高の「超過金」を請求されます。

山田　留奈や大誠が言った通りやね。

…「超過金」は，レンタルショップなどでも，借りたものが期日を過ぎてしまったときに「延滞料」として請求されるので，知っている人も多いでしょう。それは一種の罰金です。

山田　税金なんかも同じですよ。よくほら，税金を，脱税とかじゃないけど「これだけ未納だったことが分かりました」みたいなニュースが出る。そしたら「追徴課税」というのがきます。例えばオレが税金を 100 万円払わないといけないのに，それを申告ミスで何年か払ってなかったとするじゃん。そしたら，「あなた，何年も税金が遅れてるから，もう 20 万追加します」って法律的に言われて，120 万も払わないといけなくなる。その 20 万が追徴課税です。

それでも払わないと，裁判に訴えられ……

山田　これは直希が言ったやつやな。

…財産が差し押さえられたり……

山田　これ分かる? 例えばね，オレがさっきのスーツ代をいつまで経っても払わない。それで裁判になって，「あいつ，車に乗りょーるやん。あの車を売ったら 20 万くらいになるで」と。それで裁

判所が来て,「もう山田さん,いつまで経っても20万円を払わないから,その代わりにこの車を持っていくで」と。「これを売って,そのお金で三橋商店にスーツ代を払うから」ということになります。これが「財産の差し押さえ」です。財産だけじゃなくて,給料も差し押さえられるんよ。「もう山田さんがいくら言ってもスーツ代を払わないから,裁判所の命令で給料をもらいます」と。「え〜っと,山田さんは,公務員? あんた,公務員がこんなことしたらいけんが。もうね,岡山県に言って,お宅が給料を払ってる山田さんがスーツ代を払わないから,給料の今月分から20万円を裁判所にください」となって,とられます。オレは,「あれ? 今月10万しかない……」となる。これが「給料の差し押さえ」です。そういうことが現実に起こります。

> …警察に逮捕されることもあります。ものを買ったのにお金を払わなければ,それは犯罪だからです。そして,買った本人だけでなく家族みんなの責任として支払を求められます。

山田 オレが払わんかったらね,たいていはうちの奥さんのところにいきます。「ちょっとあんたの旦那がね,20万のスーツを買ったのにお金を払わないから,奥さん代わりに出してください」と,こういうことになる。で,オレは奥さんに土下座せんといけん(笑)。 家族にも責任がかかってきます。

> …そして,カードで買い物をした人がその代金を支払えなくなるということは,「支払い能力がない人」とみなされ,再びカードを持つことはできなくなります。たとえ他の会社のものでも,カードは発行されなくなってしまうのです。

山田 これを「ブラックリストに載る」と言います。例えばオレが,中国銀行で借金をしたのに,それを払わない。そしたらカードを

取り上げられるわなぁ。「ほんならトマト銀行でまたカード作って借りればええが」と思うけど、そうはいかないの。もう絶対に作れません。銀行とかのお金を貸してる会社のことを金融機関というんやけど、金融機関は貸したお金を返してもらえないと困るでしょ。だから、〈お金を貸したのに返さない人〉のリストを共有しています。例えばオレが中国銀行で借金をして返さなかったら、「あいつ、中国銀行でいくら借りて、返さんらしいで」というのが、日本中の銀行のリストに載ります。だからコッソリとトマト銀行に行って借りようと思っても、借りれません。「あんた、山田さん、中国銀行でこんなことやっとるでしょ。だから貸せません」と、こうなります。映画とかで、「私、借りれますか？」「大丈夫。あんた真っ白だよ」みたいなシーンもあったりするけど、その〈真っ白〉というのは〈ブラックリストに載っていない〉ということです。そういう言葉もあったりします。借りたのに返さないなんて、そんな簡単に済むことじゃないのよ。

…また、カードを使わなくても、「分割払い」という何回かに分けて代金を支払う方法も受け付けてもらえなくなります。

山田 そうなるとローンが組めなくなります。

〔質問4〕 そのような形でカード発行を停止された人たちには、その後、どのような困ることがあるでしょう？ 思いつくことがあったら出しあってみましょう。

麻生直希くん お金の管理とかが大変になる。

山田 そういうこともあるやろうねぇ。他にはどんな困ったことがありそう？ ちょっと難しいか。じゃあ逆に、みんながお店とか会社として、ブラックリストに載ってしまった人、どっかでお金

を借りて返してない人がお客で来たら，どうしますか？

麻生直希くん　帰ってもらう。

山田　「お宅とはお付き合いできません」って感じか。とか，じゃあそういう人が，もう銀行でお金を借りれない。でも，例えば車を買うとかで，どうしてもまとまったお金がいると。そうなったら，どうするやろ？

桐本留奈さん　盗みをする。

山田　そういう犯罪に走ってしまう可能性もありますねぇ。それも困ったことの１つですねぇ。だいたい捕まって，刑務所に行くことになってしまいますねぇ。

三橋力綺くん　そういう人って株とか買えんのん？

山田　う〜ん，ちょっと分からんなぁ。現金があれば買えるかもしれんけど…。株にもいろんなのがあって，例えば１万円の株券を，１万円札を出せば買えるかもしれん。でも，他にも例えば「先物取引(さきものとりひき)」なんてのもある。例えば，オレはいま何も持ってません。で，「11月が来たら新潟でとれる米をオレは持ってるはずだから，それを買わない？」って言うの。いま持ってないのに。こういう取引もある。で，オレは11月までにどうするかっていうと，9月とか10月に新潟に行って，米を買い集めるの。そんな取引はできなくなると思います。そういう人は犯罪をせずに，どうやってお金を作る？

麻生直希くん　近所の人に借りる。

川田大誠くん　サラ金で借りる。

山田　サラ金っていうのもいろいろあるけど，そういうのを消費者金融(しょうひしゃきんゆう)といいます。それはね，普通の銀行なんかより利子が高いの。利子を高くとるから，中国銀行では借りれなくなった人にも貸し

たりする。でも，それも返せないと，今度は消費者金融でも借りれなくなるし，借金はどんどん増えていく。借りたお金って，ずっと返さなかったら，いつまでも同じじゃないんよ。利子がどんどん増えていきます。そういう困ったことも起きる。

ローンと消費者金融

> カードが使えず，分割払いもできないと，つねに現金で，しかも一度に払う形でしか買い物ができなくなります。

山田　まぁ，ローンとか消費者金融とか，今現在はほとんどみんなに関係ないけど，いずれ必ず関係してきます。それも，そう遠くない未来です。18歳になって車を買うとかなったらローンを組むと思います。そういうときのための社会勉強です。

> …そうなると，高額のものは買いにくくなります。一度に多額のお金を用意することが難しいからです。車のような高価なものを買うのも，うんと困るでしょう。
>
> さらにもっと大きな買い物——家を建てたり，マンションを買ったりなどという場合には，ふつう銀行などで「ローン」というものを組んでお金を借ります。都会で家を建てたり買ったりするには，一千万円以上のお金がかかるのがふつうです。それだけのお金を一度に出せる人はわずかですから，ほとんどの人はローンでお金を借りて家を建てることになります。一定の金額の利子を払いながら，長い時間をかけて借りた多額のお金を返していくわけです。多額のお金を借りる際には，それだけのお金をきちんと返せるかどうかの審査もあります。お金を返すためには安定した収入が保証されなければなりません。ですから，フリーターやアルバイトなど，定職についていない人だと，銀行からお金を借りることはできません。もちろん，高額のローンなどは組めません。

山田　これねぇ，これはオレも中学生に知っててほしいんやけど，よく「大人になったらフリーターをするけぇ，ええわぁ」と言う人いるでしょ。フリーターのいいところは，けっこういろんな仕

事を自由に変えれるところです。責任もそんなに重くない。そういう自由さがあります。フリーターの「フリー」は「自由」という意味です。だけど逆に、アルバイトですから、給料がずっとあるかどうかっていうのは、審査はけっこう厳しいです。ローンを組むときには、「あなたの職業は何ですか？」って必ず聞かれます。例えばオレだと、40歳の公務員や。そしたら「あと20年はこの人は安定した収入がある人だな」っていうことになります。だから、例えばオレが家を建てるってなったときに、20年のローンは組ませてもらえると思います。60歳になったら定年だから、どうか分からん。たぶんローンは組めない。収入がないから。だから、簡単にフリーターって言う人がいるんだけど、そういう両面をちゃんと理解してから判断しないといけません。

…そこで、そういう審査の厳しくない「サラ金」などと呼ばれる「消費者金融」などからしかお金を借りる手段がなくなります。そういうところは、手軽にお金を借りることはできますが、非常に利子が高く*、早期に返済しないとすぐに借りたお金よりも利子で請求されるお金の方が高くなってしまいます。

* 消費者金融などでお金を借りた場合、返すのは借りたお金と利子分です。年間20％の利子（年利）で100万円お金を借りた場合、4年ほどで、借りた額の倍の200万円になってしまいます。10年返さずにいると、600万円、20年では何と4000万円にもなってしまいます。

山田　そこにローンのことが書いてあるけど、〈1年間に20％の利子をつけて返します〉っていう約束でお金を借りたとする。そしたら、1年後には120万になる。それを返さないと、今度は120万に対して20％の利子がつくの。そうやって利子にも利子がついて、どんどん増えていく。なんと、4年で倍の200万になって、10年だと600万になる。最初に借りたのは100万よ。20年経

つと，なんと4000万円にもなります。

クレジットや契約と〈信用〉

ところで，「クレジット (credit)」という英語は，「信用」という意味です。つまり，クレジット会社はその人を〈信用〉して，そのカードを発行するわけです。

山田　今日のキーワードは「信用」です。

…そもそも，クレジットカードを発行する際には，その人の年齢や職業・収入などを審査し，その人に支払い能力があるかどうかを確かめたうえで作られます。そして，クレジットカードには「限度額」というカードで買える上限の値段が決まっており，それ以上の高額の買い物はできないようになっています。その「限度額」の設定は，契約したそれぞれの人への「信用度」により違っているのです。

また，会社や企業などがかわす「契約」というものは，その場で現金がすぐに動くというものではありません。お互いが「いつまでに何をどうするか」ということを約束し，それを〈契約書〉という形にして，ものの納入やお金の支払いを決めるわけです。お互いに相手がその約束を果すことを前提に，いろいろな仕事を進めていきます。

そういうときに，ものの納入やお金の支払いの期限が守られなかったら，契約した人は大きな被害を受けてしまいます。そこで，こうした被害については，「賠償金」というものを求めることができます。社会での〈約束〉(＝契約) というものは，お互いの運命を左右するものにもなるので，お互いに守ることが絶対に求められるのです。

カードで買い物ができたり，まだできてないものに関して取引ができたりするのは，「必ず(お金をはらったりという)約束が守られる」という前提，つまり〈信用〉がなければなりません。

〈信用〉がなければ，取引もなりたたず，お金を借りたり，ものをカードで買ったりすることもできなくなります。

山田　だから，前の時間にいっぱいみんなが挙げてくれましたが，間違いなくその中に入るのが「信用」です。社会に出ると，みん

なが思っている以上に「信用」というのは大切になってくるんです。……ちょっと難しい内容だけどな。でもまぁ，今のみんなの時期に，こういう世の中のことを知るっていうのは，とってもいいとオレは思っています。はい，じゃあ今日はここまでにして，続きは来週にします。また感想をお願いしま～す。

❖2時間目を終えての感想

▷今日はすごく奥の深い話だったなと思います。社会に出たらいろんなことが起きるなと思いました。〈信用〉というのは大切なんだなと思いました。（有江未来）

▷世の中のお金の動きはとても難しくて，一人ひとりを信用してお金が動いていることが分かった。（石原央貴）

▷社会で仕事して生きていく上では〈信用〉が一番大切だということが分かりました。（大谷優奈）

▷お金を使わないで物を手に入れる方法の一つのクレジットカードはとても便利だけど，信用が何より大切だし，一歩間違えるとおそろしいことになることが分かりました。便利なものの裏には恐いこともあることが分かりました。（大淵柚穂）

▷信用がないとこれからの生活，友達関係にも関わってくると思う。お金の貸し借りはこれから生きていく上で必要になると思うから，まだまだ学んでいきたいと思った。（小野彩夏）

▷クレジットカードの「クレジット」は"信用"ということだったんですね。期限までに支払えないとクレジットカードは再び発行できないって，少し怖いなと思いました。（友村聡美）

▷社会に出ると信用というものが必要になってくることが分かった。（橋本悠）

〈社会を動かすもの〉
――3時間目――

　この時間は，プランの9～12ページ（「質問5」から「おわりに」）をやりました。授業全体の評価と感想はとっても良くて，すごく嬉しかったです。

山田　じゃあ今日は〔質問5〕からいくよ。あ～，しもうた。一万円札を持って来ようと思ってんやけど，忘れとった。

桐本留奈さん　くれるん？（笑）

山田　あげん。

〔質問5〕　そういう〈信用〉を強く必要とするものとして，〈お金〉のことを考えてみましょう。〈お金〉として使われている紙幣の……

山田　「そういう〈信用〉」っていうのを，もう一回説明するよ。前の時間にクレジットカードの話が出てきたんじゃったな。クレジットカードの「クレジット」が「信用」という意味だった。これは，「買い物をした代金を，あとで必ずきちんと支払いますよ」って信用があるから成り立ってるんだった。だから，もしその約束が守れなかったら，もう借金ができなくなったりするという話でした。今日はその「信用」を「お金」から考えていきます。「紙幣」って分かる？

桐本留奈さん　紙のお札！

山田　そう，紙のお札。紙で作られたお金ですね。

…〈お金〉として使われている紙幣の材料の値段は，どのくらいだと思いますか？ 1万円札で考えてみましょう。

山田　1万円札を作るのに，その材料費はどれくらいかかると思い

ますか，っていうことね。

> ア．1000円以上 …… 5人
> イ．数百円程度 ……… 22人
> ウ．数十円程度 ……… 5人
> エ．数円程度 ………… 2人
> オ．その他 …………… 0人

山田　お～，分かれたねぇ。じゃあ少ない方からいきます。

小野彩夏さん（エ）　紙だから！

友村聡美さん（エ）　昔使っていて，もうボロボロになって使えなくなったお札を再利用して使っていると思うから。

山田　なるほど，要はリサイクルやな。じゃあ次，アの人。

迫水泰佑樹くん（ア）　高級そうだから。

三橋力綺くん（ア）　なんか，ピカピカのシールとかついとったり，1枚1枚番号が違っとったりするから。

麻生直希くん（ア）　あと，まん中に透かしとかが入ってるから，それはまぁすぐにはできんと思うから。

星島光くん（ウ）　なんとなく。

渡辺日南子さん（ウ）　何枚も大量に印刷とかするから，安くないとできない。

杉本明花さん（イ）　なんとなく。

山田　はい，他にもう意見ない？　じゃあ正解を言うよ。これ，正解は……ウです！

たくさん　え～～

桐本留奈さん（ウ）　いぇ～～いっ！

山田　だいたい20何円らしいです。

たくさん　え～～

岸上直輝くん　1万円作るのに！？

西田捺央くん　じゃあ，20何円出して1万円もらえるん？

山田　元の値段だけで言ったら，そういうことになるよなぁ。

渡辺日南子さん　めっちゃ価値あるが……。

中田愛里さん　なんで30円くらいで作れる物が1万円なん……。

山田　そうよなぁ。そう思うよなぁ。それは極端なことを言えば，これは，国が「これは1万円です」って言ったから1万円なの。だって，千円札と一万円札って，何がどれくらい違う？

川田大誠くん　載ってる人。

西田捺央くん　野口さん！

桐本留奈さん　色！

麻生直希くん　大きさ。

山田　まぁ，そうやけど，それで元の材料費が10倍も違うと思う？思わんよね。じゃあ，千円札はなんで1000円かっていったら，「これは1000円ですよ」って国が言ったから。一万円札は「これは1万円です」って言ったから。それだけの話です。でもみんな，一万円札には1万円の価値があると思っとるでしょ。それはなんでかというと，信用しているからです。「一万円札を持ってても，明日にはこれが百円の価値しかなくなるかも」とか，「元の値段の30円の価値しかなくなる」なんていう不安がありますか？

数名　ない。

山田　ないでしょ。それが信用ですよね。30円が作ったものでも，「これが1万円なんだ」とみんなが安心して使う信用があるから使えるの。はい，じゃあ次にいきます。

> **お金と〈信用〉**
> 　1万円札の材料の値段は，20円程度です。つまり，20円くらいででき

るものを1万円として通用させるのは,「この紙は1万円としての価値がある」と政府が保証しなければなりません。

山田　みんなの身近なもので，1万円の価値があるものって，何があるかなぁ。えーっと，例えばバスケットボール！　あれのいいやつは1万円くらいする。

渡辺日南子さん　そんなんするん！？

樋口成くん　へぇ～～～

山田　あ～，あとシューズとかね。ちょっといいやつは1万円とかする。その1万円のシューズは，誰しも欲しいじゃん。だけどね，例えばオレが勝手に「山田銀行」って作ってね，「はい，この紙は1万円の価値があるから，この紙でそのシューズを売ってちょーだい」って言ったら，みんななら売ってくれる？

樋口成くん　（真顔で）いいや！

山田　そうでしょ，くれないでしょ。

…1万円札は，それが1万円の価値があるとみんなが信用しなければ，ただの紙切れになってしまいます。

山田　今でこそ，みんなお札を当たり前のように信用してるけど，昔はお札じゃなかった。小判とかだったの。小判って，金でしょ。金は値打ちがあるじゃん。だから，どこの国にも金貨があります。銀貨もある。それは，金や銀に価値があるから。宝石もそうだけど。だから，金や銀をお金にして，それと交換して物をもらうっていうのは，何か理解できよう？

たくさん　うん。

山田　もともと値打ちがあるもんだから。だけど，さっき言ったように，お札なんて原価は30円くらいで，もともとは値打ちがない。え～っとね，今日はみんなに，ちょっとこういうもの（＝五圓(えん)紙幣）

を見せます。

渡辺日南子さん　これ，昔の？

山田　そうです。これ，昔の五圓札。お札っていうのは正式には「日本銀行券」っていいます。ところがね，

このお札の一番上を見ると，「日本銀行兌換券（だかんけん）」と書いてある。右から左に読むんよ。今は「兌換」とは書いていません。「兌換」っていうのはどういう意味か？

樋口成くん　交換？

山田　お〜，成，交換なんよ！　何と交換するん？

誰か　もの！　米！

山田　一番大昔から安定した値打ちがあるもの。それがさっき言った「金（きん）」です。で，真ん中の「五圓」って書いてある右側を見てください。「此券引換に金貨五圓相渡可申候（コノケンヒキカエ　キンカゴエンアイワタスベクモウシソウロウ）」って書いとろう。意味は，「この券を持って来たら，五圓分の金貨と引き替えますよ」ということです。それを国が保証していますっていうことです。江戸時代までは，基本的にはお札はなかったの。大判小判の金と，銀のお金，それから一文銭とかだった。

——あとで調べたのですが，江戸時代も「藩札（はんさつ）」といって，それぞれの藩が発行したお札のようなものが，江戸時代後半には登場していたようです。

山田　で，明治政府になってからお札というのを作ったときに，こんな紙切れ，国民は信用しないの。

——これもあとで調べたのですが，最初は〈兌換紙幣ではないお札〉を出し

たところ，ぜんぜん信用してもらえなかった。それであわてて兌換紙幣を発行したそうです。

山田　それで，信用して流通させるために，国が保証したの。この券を持ってきたら金と交換しますよ，と。そうやって信用してもらえるようになっていったの。今はね，お札を国に持っていっても，金はもらえません。まぁでも，金を扱ってるところに一万円札を持っていって，「一万円分の金をください」って言ったら，絶対買えるでしょ。今は日本はどこでも，一万円札を持っていけば，一万円分の価値のあるシューズだって買えるし，食べ物だって買えるし，ステーキだって食えるし，洋服だって買えるでしょ。だから国が保証する必要はなくなってるの。言い換えれば，みんなで信用し合ってるから。じゃあ，続きを読みます。

> …じっさい，政府の発行するお金の信用が落ちると，「お金の信用がないから，前と同じ値段では売れない」となり，物価が上昇します。それを「インフレーション」といい，第一次世界大戦後のドイツなど，空前のインフレーションにみまわれ，数マルクで買っていたパン1個が「1兆マルク」にまで値上がりし，「100兆マルク紙幣」まで発行されたことがあるのです。

山田　これ怖いでしょ。要するにこういうことです。お札ってのは紙切れで，もとは30円くらいでしょ。で，日本は今，すごく借金があるでしょ（政府は国民に国債を買ってもらってる）。その借金を返すのは，ある意味簡単なの。どうするかっていうと，お札をどんどん印刷して出せばいいの。だって国が作ってるんだから。100兆円の借金があるっていっても，100兆円分のお札を発行してしまえば，それで終わるでしょ。そういう気がしない？　そういうことを，戦争中とかに実際にやったわけ。

西田捺央くん　どこが？

山田　いろんな国が。そうすると何が起こったか。一万円札を持っていったら買えてた靴が,「もう一万円じゃ売りたくないです」ってなっただけなの。「もう二万円ちょうだい」とかね。お金の出回る量が2倍になったら,お金の価値が半分になるだけの話なの。お金を10倍の量にしちゃったら,価値が10分の1になるだけなの。ザックリ言うとね。逆に言えば,お金に対して物の値段が上がるの。それをインフレと言います。実際に発行されたお札を見つけてきたので,みんなに回します。

山田　これはね,ジンバブエっていう国の,昔のお金です。

渡辺日南子さん　どこにあるん？

山田　どこにあるんかな？　それは日南子,調べてみて。

――あとで調べたところ,アフリカ大陸の南のあたりにある国でした。

山田　はい,これ,5〜8組でやった授業書《本当の数とウソの数》の授業で出てきたでしょ。3ケタ区切りと,4ケタ区切り。3ケタに区切ってあるのはヨーロッパとかアメリカとかの数の数え方が3ケタずつ上がっていくから。でも,日本は一十百千,一万十万百万千万,一億十億百億千億,って,4ケタずつ上がっていく。どっちがいいも悪いもない。だから,こういう数字を読みやすくするには,4つずつ線を引いて区切っていけばいいんです。

$$100\,|\,000\ 0|00\ 00|0\ 000$$
　　　兆　　　億　　　万

山田　こうすると読みやすい。100兆ドルです。

樋口成くん　わやっ！（＝本当だ！）

山田　こんなのも出たの。はい，じゃあ続きをいきます。

> …そうなってしまうと，ものを買うのに困るだけでなく，いままで貯金していたお金も紙くず同様になってしまいます。それがどれほどたいへんなことか，想像がつくでしょうか？

山田　これが困るの。例えばみんながお年玉をもらうでしょ。まぁリッチに，5万円もらったとする。ところがインフレになって，その5万円を持っていっても，「5万円？　これは5兆円じゃないと買えんよ」ってなったら，5万円なんて意味ないでしょ。

桐本留奈さん　オーマイガッ！

山田　でしょ。そういうことに，実際になったの。

> 　社会で，お金（紙幣・硬貨）の〈信用〉というのは，絶対に必要なものなのです。ですから，どこの国でも贋金（偽造紙幣）作りなどは厳罰に処されます。1万円札をコピーしたりすることが禁止されるのも，そのためです。

山田　日本のお札っていうのはね，偽札が非常に作りにくいお札です。その技術もそうだし，日本のお札は一カ所でしか作ってないの。でもアメリカのドルなんかは，何カ所かで作ってる。っていうことは，あちこちで同じように作れるというレベルなんです。日本のはその一カ所でだけ作れたらいいから，精度はとっても高いです。偽札なんか，ほぼバレます。

信用を失うとき，得るとき

> 　それでは，「信用が崩れた時」にはどういうことが起こるのでしょう？売っている商品の欠陥などが明らかになったり，品物がもとで病気や事故が起こった場合，その会社やお店の信用はがた落ちとなります。問題となった商品だけでなく，その会社・お店がつくっている他の商品も疑われ，買われなくなります。一つ信用が疑われただけで，その影響は全商品に及び，計り知れないものになります。商売をやっているうえでは「信用をなくす」

> ことは，死活問題なのです。

山田　これがね，一番最近，身近であったのは原発事故です。福島県の農作物を食べたくないっていう「風評被害」がすごくあったの。汚染されてるわけじゃない作物とかもいっぱいあるわけよ。でも，福島県産というだけで，「これは放射能の影響があるんじゃなかろうか？」と疑われて，福島県産の農作物が買われなくなったの。それでなくても，地震があって，津波があって，すごく困ってる被災者の人を，さらに二重三重に苦しめることになったの。ちょっとここの話とは違うかもしれんけど，「信用が崩れた」状態になっちゃうと大ごとです。

> けれども，「信用が崩れたときの対応で，逆に信用を得た」という例もあります。
> 1982年，アメリカの製薬会社ジョンソン・エンド・ジョンソンが製造した頭痛薬に，何者かが毒物を混入し，7人が死亡するという事件が起こりました。その際，ジョンソン・エンド・ジョンソンは，ただちにすべての頭痛薬を回収し，販売を中止しました。それには多額の費用がかかりましたが，「安全」という信用を得るために，必要なことだと判断したのです。そして，原因追求をすすめるとともに，異物を混入することができないよう製品の構造を改良した上で，発売を再開したのです。
> その対処は，「あの会社の製品は信用できる」という印象を与え，人々は，逆に安心してジョンソン・エンド・ジョンソンの商品を買うようになりました。そして，会社の利益も増えることになったのです。そのときの対応は，いまでも危機管理のお手本として高く評価されています。

山田　「リコール」って言葉，知ってる？　自動車なんかでよくあるけど，ある自動車の，どこか一部分で不具合が生じたと。そしたら，「不具合が起こるかもしれない」車は，全部無料で直します。買った人の名簿があるから，必ず通知が届くし，CMでもやった

りします。それは,「信用」を失わないためにやるの。

> **おわりに**
> さて,みなさんはこの文章を読んでどう思ったでしょうか?
> 〈お金〉をかせぐための仕事・商売には,〈信用〉は不可欠です。そもそも〈お金〉そのものさえ,〈信用〉でなりたっています。私たちの社会は,そのように〈信用〉が何より大事な価値なわけです。そういう〈信用〉はどのようにして得られるのでしょう? よく,「自分は信用されない」と嘆く人がいますが,信用を得るために,どういうことをしていけば,心がけていけばよいのでしょう?
> *
> そもそも,〈信用を得る〉ということはたいへんなことです。「仕事をきちんとやる」という信用が得られない人は,雇われないでしょうし,雇われても長続きしないでしょう。

山田　先生たちが,遅刻とか欠席とか,厳しく言うでしょ。そういうのは当たり前なの。雇う方からしたらね,「こいつ,学生時代に遅刻ばっかりしてるわ」って奴を雇うかって話なの。自分の会社に遅刻してこられたら,困るでしょ。それはもう信用問題になるわけ。

> …少なくともその人の〈信用度〉に応じての仕事しかまわってこないでしょう。〈信用〉された人には,さらに責任の重い仕事も任されるでしょう。

山田　「あいつに言うとっても,ちゃんとしてくれるんかなぁ」という人には,そのレベルの仕事しかきません。逆に,「あいつに任せとったら大丈夫やろう」という人には,いろんな責任のある仕事がまわってきます。それも当たり前です。

> 結局,そういう〈信用〉は,私たちの毎日の生活・仕事への取り組みの姿勢から得られていくものです。地道で誠実な取り組みの積み重ねで,はじめて〈信用〉されてくるものなのですから。

それに気づくことが,〈信用〉を得ることの第一歩と言えるのではないかと思うのですが, どうでしょう?

山田　ということで, この〈社会を動かすもの〉という道徳プランは終わりです。じゃあ, 3時間かけてやったので, それを全部まとめての評価と感想をお願いします。

❖全体を通しての評価と感想

⑤とても楽しかった…22人 (知ってとても良かった)	④楽しかった…11人 (知って良かった)

③どちらともいえない (ふつう) …1人

▷お金は信用して使われているんだな。社会に出ても信用される人にいろんな仕事を任されるので, そういう人になりたい。紙幣などのお金は二十数円で作れるので, 給料がもらえるのを知った。大量生産は「インフレ」の元になるので, 作りすぎてはいけないのを知った。(麻生直希⑤)

▷お金のことがいろいろ分かったり, 人としての信用のことが分かったりして, たのしい授業だった。(石原央貴⑤)

▷〈社会を動かすもの〉を3時間やって, やっぱり信頼は一番いると知った。紙幣の印刷は日本で一カ所しか工場がないと今日知った。それに一万円札の材料が二十数円というのは, すごくビックリしました(笑)。クレジットが信頼という意味は知らなかった。この授業をして, いろいろなことが分かったので良かったと思います。(菊池知廉⑤)

▷一万円札の材料費が20数円ということや, ジンバブエの100兆ドルには驚きました。お金は「信用」で成り立っていて, 「信用」は大事なものと分かった。クレジットカードの中でもいろいろな

種類があることを知り，クレジットカードを使って買い物をして，買った物の分のお金を出さないと借金取りが来たり，裁判が起こったりすることが分かった。(倉長将吾⑤)

▷社会では「信用」がとても大切だということが分かったし，どんなことでも「信用」がないといけないということが分かった。これからは信用されるようにしたいと思った。(迫水泰佑樹⑤)

▷今回の授業で世の中のお金について少し知ることができた！ お金は信用があってこそ使える！ 信用がなければ使い物にならない！ 100兆ドルなどはビックリした！ 世界は大変だな〜と思った。(三橋力綺⑤)

▷今までの授業を通して，どんなことでも信用が深く関わっていることが分かりました。その信用を周りから得られるように今までの生活を見直して，地道に信用を積み重ねていきたいです。(大淵柚穂⑤)

▷今回のはすごく長かったけど，その分内容がすごかった。でもお金のことについてはとても勉強になった気がする。〈社会を動かすもの〉は将来すごく役に立ちそうだと思った。(岡本京香④)

▷生きていくにはお金が必要だし，仕事をしたり，仕事をしてお金をもらうには信用が必要だったり，仕事，お金，信用，すべてがつながっていて，生きるために必要だと思いました。(小野彩夏④)

▷社会に出たときに役立つことだった。勉強になったし新しい知識も増えた。(西田捺央⑤)

▷お金はだいたい30円で作られてるのを初めて知って，すごくビックリしました。紙なのに，信用してるから安心して使えるんだと思いました。この授業でお金と信用についてよく分かりました。(廣重愛依⑤)

道徳プランを教科書的に授業すると…
―対照実験で見えてくること―

中　一夫　東京・中学校

❖道徳プランが研究授業に

〈指揮者のミス〉は,『たのしい授業プラン道徳』(仮説社,2007)に収録されている道徳プランです。世界的指揮者の岩城宏之さんが,演奏会の最中に指揮を振り間違え,演奏が混乱してしまいます。その時,指揮者の岩城さんはどうしたか？　また演奏者や聴衆はどう反応したか？　そして岩城さんと団員たちの関係はその後どうなったか？　……などを考えるプランです。1時間で実施できて,とても感動的な内容のため,現在まで数百クラスで実施されている授業プランです。たのしい授業関係の道徳プランで,もっとも普及している道徳プランと言えるかもしれません。

その授業プランが以前,僕の学校で元のものとは全く違う形で研究授業にかけられるということがありました。

何が違うかというと,元々のプラン中の「問題」「質問」部分がすべてカットされていたのです。そして,残りの文章を使って,

①「思いやり」を主題として,それについての事前アンケートをとる。

②文を前後半に分け,まず前半を読ませて生徒に語らせ,意見交換をさせる。

③後半部を読ませて,思いやりを表す行動を探させ,考えさせる。

④アンケート結果をもとに,「思いやり」について話し合う。

――という,まさに典型的な道徳の授業として実施されたのです。

さて,その授業はどういうものになったのでしょう？

❖授業の様子

 中学2年生4クラスで実施された〈指揮者のミス〉の授業は,進め方が先生によって違っていました。授業のスタートは今日あった小さな事件を話題にして,「思いやりとは何か?」と考えさせる先生がいたり,事前にとったアンケートから「思いやりを感じる行為としてこういうものが出ていた」と紹介する先生がいたり,自分の体験から「思いやり」について話をする先生がいたり……。「導入」ということでそれぞれの先生が工夫しながら授業を始めています。元のプランでは,導入も展開もすべて不要で,最初から最後までプリントの指示通りに進めればいいようになっているので,正直,「先生たちたいへんそうだな」と思いました。

 そのあとの展開でも,先生はいくつもの問いを投げかけ,順番にあてて答えさせているのですが,子どもたちはなんとも答えにくそう…。先生の聞き方も曖昧に感じられて,生徒はどういう種類の答えをしていいのかに困惑していたようです。

 問題に対する選択肢は,「〈どういうことを考えればいいのか〉をはっきり限定する役割をしている」ことを再確認します。「選択肢まで含めて問題文なんだ」ということを改めて思いました。

❖授業のまとめや評価は?

 どの先生も授業の最後の「まとめ」にかなり力を入れているように見えました。指揮者・楽員・聴衆の3つの間の関係と思いやりの行為を図でまとめながら話している先生や,「結局言いたいのは……」と自分の思いをまとめとしてしゃべる先生,「考えたことをプリントにまとめておいてください」と急いで付け加える先生もいます。それぞれの先生が,それぞれのやり方で授業のまとめをしようとしているのが,なんだかとても苦しそうに見えました(プラン本来の形なら,話を読んだ感想をみんなに書いてもらって終わりです)。

 その時の授業では,評価も感

想も書いてもらっていないので，子どもたちの評価はわかりません。けれども，あとで先生たちの口から「あの教材は難しいね」という声がさかんに聞かれました。〈道徳プラン〉の本来の形なら，小学校低学年から実施記録があり，どこでも喜ばれているのですが……。

*

そもそも「どうして〈道徳プラン〉が本来の形ではない使い方をされたのか」というと，学年主任が道徳研究員だった時に，都の指導主事から〈指揮者のミス〉のプランを紹介されたらしいのです。それを今回，学年主任が自分の判断で問題や質問をカットして，他の人たちに紹介したということでした。

おかげで，多少ゴタゴタが起ったのですが，同じ教材を使っても，こうまで授業の雰囲気は変わるものなのかということを，じかに見ることができた貴重な機会となりました。

D 主として生命や自然，崇高なものとのかかわりに関すること

授業プラン
〈うそつきノンちゃん〉

□小学校低学年から
□関連する内容項目
▶D「よりよく生きる喜び」
▶A「善悪の判断,自律,自由と責任」／「正直,誠実」

淀井　泉　京都・特別支援学校

❖内容紹介

　私が小学生の頃,ノンちゃんという上級生がいました。ノンちゃんは,何かと問題の多い子で,決して素行がよいとは言えませんでした。子どもは誰だって多少の悪さをしたり,イタズラをしたりするものですが,その日のノンちゃんが私の前でした行為は衝撃的なものでした。そんなノンちゃんによって翻弄され,葛藤する私…。

　「もし,自分がその立場であったら」と,ハラハラドキドキしながら読み進められるお話です。そして,最後の結末は……。

　子どもたちはもちろんのこと,大人にも味わってほしいプランです。

うそつきノンちゃん

2015.3.11 版

プラン作成　淀井　泉

　わたしは学校の先生をしているおじさんです。

　わたしが小学校3年生の頃の話です。3つ年上の上級生に則夫（のりお）君という子がいました。則夫くんは〈ノンちゃん〉と呼ばれていました。
　ノンちゃんの両親は、お芝居をやりながら全国を回っている人でした。ですから、あまり家にいらっしゃらなくて、ノンちゃんはおばあちゃんの家で暮らしていました。
　ノンちゃんは、今から思えばいろいろと問題の多い子でした。なかには「ノンちゃんと遊んじゃダメだよ」と言う大人もいました。でも、ノンちゃんは同級生の友だちが少ないのか、下級生であるわたしたちのそばに寄って来て仲間に入ろうとするのです。わたしたちはノンちゃんがちょっと怖かったので、言われるがままに彼と遊んでいました。
　ノンちゃんはよく、わたしたちに、誰が聞いてもすぐにウソとわかるような話をしました。

「この前な,おれ,宇宙に行ってきたんやで。一人乗りのロケットがあるねん。今度乗せてやるわ」とか,「めちゃくちゃおしっこしたくなるときってあるやろ。おれ,ある人からおしっこを止める薬もらったんや。それ飲むと,全然おしっこしたくなくなるねん」というような話です。

友だちの中には本当にノンちゃんの話を信じてしまう子もいたようですが,わたしはノンちゃんの話がウソであることはわかっていました。また,わたしたちがノンちゃんと遊ぶことをこころよく思っていない大人がいることもわかっていました。でも,一方では,なぜかノンちゃんの話がおもしろく,魅力的に感じてしまうのでした。

いつの頃からかノンちゃんは,わたしたちの間で「うそつきノンちゃん」と呼ばれるようになりました。

*

ある日のこと。わたしは友だちと遊ぼうと思って,家の近くの神社に行きました。その頃は,神社の広場がわたしたちの遊び場になっていたのです。でも,その日は,神社には誰もいませんでした。仕方ないから帰ろうと思ったその時です。ノンちゃんがやって来ました。ノンちゃんはわたしの方に近寄って来ました。

「きっとまた,とんでもないウソをつきはじめるのだろう」と思っていたら,その日は違いました。

ノンちゃんは,手に1本の細い木の枝を持って,大きな木の近くに立ち,わたしを手招きしました。

「何が始まるのだろう？」と興味深く見ているわたしを前に,ノンちゃんは,その細い木ぎれの先っちょに,大きな木から出ている「松やに」をつけはじめました。「松やに」は,松の木から出るペタ

ベタした黄色いゴムのような液です。

ノンちゃんが何を始めるのかわからなかったので、わたしは不安でいっぱいでした。そんなわたしを、ノンちゃんは参拝所に連れて行きました。

参拝所というのは、お祈りをするところで、そこには大きな鈴がぶら下がっていて、ひもを引いて鳴らすようになっています。

ノンちゃんは、いったい何をしようというのでしょう？

*

ノンちゃんは参拝所の前に行っても、お祈りをしませんでした。彼の目は、すぐそばにある「お賽銭箱」に向いていました。そうして、お賽銭箱のすき間に手に持っていた木の枝を差し込んだのです。

次の瞬間、驚くべきことが起こりました。

ノンちゃんが木の枝をそっと引っ張り上げると、その先端にお金がくっついているではありませんか！　これは明らかに「賽銭泥棒」です。

わたしはどうしようもなく動揺してしまいました。

◇◇

〔問題１〕　動揺したわたしは、その後どういう行動を取ったでしょう？

ア．ノンちゃんにやめるように言った。
イ．関わりたくないので、その場から逃げた。
ウ．見ているだけで何もしなかった。
エ．その他（　　　　　　　　　　　　　　　　　　　）。

わたしは、いけないということがわかっていても、情けないことにノンちゃんの行為を止めることができませんでした。ただ、青ざめながらノンちゃんの行為を見ているだけでした。

(問題1の答えはウ)

＊

　なんどもお賽銭箱に木の枝を差し込んだノンちゃんの手には、5円玉や10円玉がいっぱいありました。銀色に光ったお金もチラチラと見えました。

　彼はそのお金を自慢げに見せ、今度は食料品や日用品を売っている商店にわたしを誘いました。

　わたしは彼が何をしようとしているのか、わかりました。そして、それはよくないことだと思われました。でも、わたしは彼に誘われるまま、その商店について行ったのです。

　商店に着くと、あんのじょう、ノンちゃんは、お菓子をえらびはじめました。お賽銭をとった上に、今度は、そのお金でお菓子を買おうというのです。

〔問題2〕　わたしは、そんなノンちゃんに対して、どういう行動を取ったでしょう？

ア．ノンちゃんにやめるように言った。
イ．関わりたくないので、その場から逃げた。
ウ．見ているだけで何もしなかった。
エ．その他（　　　　　　　　　　　　　　　　　）。

わたしは,今度も情けないことに,ノンちゃんの行為を止めることができませんでした。賽銭から盗んだお金でお菓子を買うノンちゃんを,呆然としながら見ているだけでした。ノンちゃんは,買ったお菓子をわたしにもくれました。　　　（問題2の答えはウ）

いけないと思いながらも,お菓子を断ることができませんでした。わたしたちは神社に戻って,一緒にお菓子を食べました。

そうして,わたしとノンちゃんの一日は終わりました。

◇◇

〔問題3〕　その日の夜,わたしはどうしたでしょう？

ア．母親に,すべてのことを話した。
イ．母親に話したが,自分がお菓子をもらって食べたことは言わなかった。
ウ．何も言わなかった。
エ．その他（　　　　　　　　　　　　　　　　　　　　　）。

その日の夜,わたしは母に,一部始終を話すことにしました。叱られるかもしれないと思いましたが,それ以上にわたしの罪の意識は強いものでした。それに,わたしは,今日の経験をひとりで背負うのがこわくて,母に言わずにはいられなかったのです。

(問題3の答えはア)

◇◇◇

〔問題4〕　わたしの話に,お母さんはどういう反応を示したでしょう？

ア．「なんてことをしたの！」と怒った。
イ．「正直に言ってくれてよかった」とほめた。
ウ．「あなたがそんなことをするとは……」と,悲しんだ。
エ．何も言わず無反応だった。
オ．その他（　　　　　　　　　　　　　　　　）。

わたしの話を、母は黙って聞いていました。
そして、最後まで聞くと、「正直に言ってくれてよかった。いけないことはしたけど、それを隠さずに言ってくれてよかったよ。えらかったね」と、わたしをほめてくれたのです。（問題4の答えはイ）

＊

その日の夜、母とわたしはノンちゃんのことをいろいろ話しました。

ノンちゃんがみんなにうそをつきまくっていること、そんな彼に対して、わたしや友だちはかげで「うそつきノンちゃん」と呼んでからかっていること。そして同時に、ちょっと怖がっていること。でも、ノンちゃんが語るウソの話はとってもおもしろくて魅力的であること。そんなことをいっぱい話しました。

わたしの話を聞き終えた母は、「ノンちゃんはかわいそうな子なんや……」と言いました。わたしは子ども心にも、ノンちゃんがかわいそうな子であることはなんとなくわかりました。

＊

次の日、母はわたしを神社に連れて行きました。

〔問題5〕 お母さんは、わたしを神社に連れて行って、どうしたでしょう？ 思いつくことを出し合ってみましょう？

母はだまって神殿の前で手を合わせました。そして、わたしも母にうながされ、神殿の前で手を合わせ、ノンちゃんとの出来事を謝りました。
　母は財布からたくさんの硬貨を出してお賽銭箱に入れ、「これで許してもらおうね」と言ってくれました。
　わたしは、母のその一言がとてもうれしかったです。
　決してそれで許されることではないとわかっていましたが、母がそう言って、お賽銭を入れてくれたことで、わたしは心の重荷が取れたような気分でした。
　そして母は、「ノンちゃんがいい子になりますように」と言って鈴を鳴らしました。
　わたしも同じように言って、鈴をならしました。

＊

　これは、もう50年も昔の出来事です。でも、わたしの心には、「ノンちゃんがいい子になりますように」という言葉が、そのとき母が手に持っていたピンク色の財布と共に、今も記憶に深く刻まれています。

◇◇

〔質問〕　あなたには「強く記憶に残っている場面や言葉」がありますか？
　最後に、授業を受けた感想を教えてください。

〈うそつきノンちゃん〉
―解説―

淀井　泉　京都・特別支援学校

❖プラン作成の経緯

　子どもの頃のことをよく覚えている人を，僕はすごいなあって思ってしまいます。というのは，なぜだかわからないけど僕は子どもの頃のことをあまりよく覚えていないからです。小学校の同窓会の時も，「え？　本当にそんなことがあった？」って，友だちの話に入っていけないこともよくあります。

　そんな僕でも，どうしても忘れられない思い出がいくつかあります。そのひとつが今回紹介した「うそつきノンちゃん」のエピソードです。

　当時，僕は小学生３年生でした。その頃は，今よりもうんと地域のつながりが強く，外で遊んでいても通りかかった大人によく声をかけてもらいました。「あのおじさんは怒ったらこわい」「あのおばさんは口うるさい」なんて，子どもの中では"有名"なおじさんやおばさんもいました。

　しかしその反面，僕の住んでいた田舎には，いわゆる「よそ者」を受け入れ難い雰囲気が強かったようで，僕は父親からそんな話を時々聞いていました。

　僕の父は，終戦後，大阪から転居してきた人でした。そんな父を地元の人は，「寄留者だから」と言って，村の集会に参加させなかったり，村祭りなんかでも役をつけなかったりしたようです。僕は，父の話を聞きながら「寄留者」という聞きなれない言葉が，「よそ者」を意味するらしいことを感じたり，地域のあり方に疑問を持ったりしていました。

ノンちゃんは，まさにそんな時代に僕の住む地域に引っ越してきました。家庭環境があまり良くなく，素行も良いとはいえないノンちゃんが，地元の大人たちにどういう目で見られていたのか，想像に難くありません。

　ですから，このプランの根底には，父が体験し，ノンちゃんも感じていたかもしれない〈地域の閉鎖性〉という問題もあったりします。

　でも，やはり，僕にとってこの出来事が忘れられない最大の理由は，〈ノンちゃんが目の前でお賽銭を盗んだ〉という強烈な体験にあります。

　子どもの頃の僕がそうだったように，ノンちゃんの取った行動による衝撃は，このプランを読む子どもたちの心にも深く焼き付き，いろいろなことを考えさせると思われます。

❖〈マイナスの影響〉は？

　もしかしたら，「賽銭泥棒」という「悪事」がテーマとなるこのプランは，子どもたちによくない影響を与えるのではないか——そんな不安を抱く人がいるかもしれません。そういう意味では，このプランは「諸刃の剣」になるものかもしれません。

　もちろん，「賽銭泥棒」は犯罪です。その「手口」を子どもたちが真似しないよう，十分注意をする必要があります。

　でも，僕は，そのような不安よりも，それに勝るものがきっとあるはずだと思っています。僕がそう思える理由は，このプランは〈たのしい授業〉を想定して作ったものだからです。

　「仮説実験授業をはじめとする〈たのしい授業〉をすると，子どもたちの良い面が出てくる」とよく言われます。これは，〈たのしい授業〉をやり続けてきた僕の実感でもあります。

　押し付けがなく，たのしい雰囲気の中で自由に考えられる授業——そんな授業の中から生まれ出る子どもたちの「価値観」を，僕は信じたいのです。

　そこから生まれるものは，〈ノンちゃんのマイナス影響〉を超

えるものであるような気がしています。このプランによって,子どもたちがいろいろな問題を嗅ぎ取ってくれたらなと思っています。

けれども,逆に言うと,この類の題材を,「つまらない授業」の中で扱ってしまったら,僕はとっても心配です。重苦しい雰囲気,お説教のような先生の話,特定の価値観を押し付けてしまうような中身……。こんな授業であれば,もしかしたらノンちゃんの行動が子どもたちに悪影響を与えるかもしれない。そんなふうにも思えてしまうのです。

❖子どもたちの感想

中 一夫さん(東京・中学)の同僚の先生が中学3年生に授業してくださいました。何人かの感想を紹介します。

▷このお話を読んで,何か困っていることがあったら一人で抱えこまずに,だれかに相談することが大切だなと思った。私は困ったことや悩み事があったら母に相談しているし,この"わたし"と同じように母がどんな反応をするのかドキドキしてしまうけど,母に相談した後はやっぱり気持ちが軽くなるので,母に相談することは大切だなと思った。

▷ノンちゃんは家に親がいなくてとても寂しかったんだと思います。おこづかいもあまりもらっていなかったから,お賽銭を盗んだのだと思います。主人公のお母さんはとてもふところの深い人だなと感じました。私も同じ立場になったとしても,このような行動はできないと思いました。

▷この読み物を読んでノンちゃんのその後が気になりました。お母さんと作者さんが願ったように,いい子になっていたらいいなと思いました。ノンちゃんがうそばかりつく理由は何なのかということも気になります。

▷一方的に怒るのではなくて,主人公の立場になったりして物事を考えるいいお母さんだなと思いました。やわらか

い感じで言われると，後から自分でこんなことをやってしまったんだとふり返ることができるんではないかなと思います。
▷"わたし"のお母さんは本当に"わたし"のことが大好きで，とても常識のあるお母さんだなと思いました。こういうお母さんが増えれば優しい子どもができると思います。ノンちゃんも"わたし"のお母さんのような人がお母さん，お父さんだったらもっとすてきな人になれたのになと思いました。親がしっかりしないとですね。
▷自分のしたことを正直に母に話せた「わたし」はすごいと思いました。私だったら全部は言えなかったと思うからです。母も優しい人だなあと思いました。
▷"私"が正直に話した後に母が言った言葉に感動しました。自分の子だけではなく，ノンちゃんのことまでお祈りしたのがとてもすごいと思いました。
▷上級生の悪事を目の前にして，何もすることができなかったのは悪いのだろうけど，上下関係もある以上，仕方がないことなのかもしれないと思う。けれど，そのことを親にすべて話すのはとても勇気がいることなので，それができた主人公はすごいと思うし，純真な心を持っているなと思った。
▷この話を読んで「わたし」はきちんとお母さんに自分の罪を伝えられたことをすごいと思いました。正直，怒られるかもしれないから，言うのは嫌だったと思います。でも，きちんと正直に伝えられたことはすごいと思いました。

❖思いがけず気づいたこと…

ところで，これらの感想を読んで僕が印象に残ったのは，〈「わたし」が正直に母親にすべてのことを話した〉ということに感心している子が多いということでした。そういうことに感心する子はいるだろうなとは思いま

したが，その数のあまりの多さに正直，意外な気がしました。

というのも，行為の程度とか中身にもよると思いますが，当時の僕にとっては自分だけの胸のうちに秘めておく方がよほど「しんどい」ことで，母に洗いざらい言ってしまった方が「楽」であったからです。ですから，〈母に正直に言ったこと〉に対して感心する子どもたちが多かったということは，もしかしたらそれが多数派であり，僕のような子は少数派であったのかもしれないなとも思いました。

僕が母親になぜ正直に言えたのか，それは，自分ではさほど意識することはなかったですが，〈僕の母親が頭ごなしに叱ることなく，いつも僕の理解者であったこと〉が理由だったのかもしれないと思えたりもします。

そういうことも今回感じることができて，この年になっていまさらながら，「自分の親の子育て」というものに対して思いをはせることができました。そして，それが今の自分にも少なからず影響を及ぼしているような気もしてきました。

それと共に，一部の子かもしれませんが，叱られそうなことがあれば，どんな些細なことであっても親に隠し事をせざるを得ない子の存在を知ることができた気もします。

これは，「僕の母の教育が良くて，悪いことをしたら有無を言わさず叱る教育が悪い」という単純なものでもないと思います。やはり，母には，ノンちゃんに追随したことを厳しく叱られた方がよかったのかもしれないという思いもしてきます。

でも，こういうことは「正解」のない世界であると思っています。だからこそ，難しい。けど，だからこそこの世の中はおもしろい，とも思えてきます。

道徳のおもしろさって，こういうことではないだろうかと思えます。

＊道徳・読み物プラン「うそつきノンちゃん」は，『たのしい授業』2017年6月号に掲載されました。今回，問題の答えを予想しながら読み進める形式にて再録いたしました。

授業プラン
〈神社〉

□小学校中学年から
□関連する内容項目
▶D「よりよく生きる喜び」「感動，畏敬の念」
▶B「親切，思いやり」

淀井　泉　京都・特別支援学校

❖内容紹介

　〈神社〉は，私が子どもの頃に実際に体験したお話で，自分にとっては忘れることのできないエピソードです。

　このプランには「障害者」が登場します。私たちは障害者に対してどのようなイメージを持っているでしょうか。そして，人生経験の少ない子どもたちにとって，障害者とはどんな存在なのでしょうか。このプランは，そんな問題を切り口にしながら，わたし，友だちS君，近所のおじさん，母親等々の登場人物が，それぞれの立場でこの問題に向かいあっていきます。

　人権教育，障害者理解教育などに使っていただく方も多いですが，広く，人の気持ちや生き方などについて考えていくプランとしても活用していただけたらと思っています。

神社
❖❖❖❖❖
2015.6.25 改訂版

プラン作成　淀井　泉

　わたしは学校の先生をしているおじさんです。
　わたしがまだ小学校4～5年の頃の話です。当時，わたしにはS君という友だちがいました。
　わたしは子どもの頃からあまり活発な方ではなく，家で本を読んだり，一人で空想にふけったりするのが好きな子でした。でも，なぜか同級生のS君とは気が合い，お互いの家に行って遊ぶこともよくありました。
　そして，時々「探検」と称して，近くの山や空き地，神社めぐりなんかをすることもありました。「探検」と言っても自転車でほんのちょっと遠出をする程度です。今から思えば他愛もないことでした。でも当時のわたしたちは，遠い国に出かけるような，わくわくした気分になったものです。
　その日も2人は，自転車で隣町の神社へ「探検」に出かけました。
　神社に着いたわたしたちは自転車を停め，石段を登っていきました。石段はなだらかですが，かなりの距離がありました。2人は木の枝でチャンバラをしたり，落ちている木の実を拾ったりと，遊びながらゆっくりゆっくりと登っていきました。

＊

そして,ふと上を見上げた時です。石段の上から一人の年配の男の人が降りてくるのが見えました。

　ところが,そのおじさんの様子がどうも変なのです。足をひょこひょこさせて,とっても変な歩き方をしながら,石段を降りてくるのです。その恰好のあまりのおかしさに,2人は顔を見合わせながら,思わずクスクスと笑ってしまいました。

　大きな声で笑わなかったのは,わたしにはそのおじさんが〈わざと変な歩き方をしているのではない〉ということがわかっていたからです。

　その人は足に「障害」を持っていて,どうしても変な歩き方になってしまうのでした。そのことは,わたしは子ども心にもわかっていました。そして,〈本当は笑ってはいけない〉ということもよくわかっていました。

　でも,どうしてもおかしさがこらえきれなくて,クスクス笑いになったのでした。きっとS君も同じ気持ちだったと思います。

　おじさんとわたしたちはすれ違いました。ひょこひょこした歩き方をしながら石段を下っていくおじさんを2人は見下ろしました。

　そして,おじさんを見下ろす形になったわたしたちは,今度は別の行動に出ることになります。

〔問題1〕
　2人がとった別の行動とはどのようなものだったでしょうか？

予想
　ア．大声で笑い始めた。
　イ．おじさんのマネをした。
　ウ．おじさんをバカにするようなことを言った。
　エ．くすくす笑ったことをおじさんにあやまった。
　オ．笑ったことを反省し，神社の神様にあやまった。
　カ．その他（　　　　　　　　　　　　　　　）。

おじさんとすれ違った2人は，一生懸命石段を降りていこうとするおじさんを見下ろしながら，おじさんの歩き方の真似をしはじめたのです。
　わたしはS君のその歩き方のおもしろさに思わず大笑いしてしまいました。そして，わたしもおじさんの歩き方を真似して，S君を笑わせました。
　今までくすくすと我慢していた笑いが一気に爆発するかのように，2人で大笑いしてしまいました。　　　　　（アとイが正解）

　その時です。
　「こらぁーー!!」と，ものすごく大きな声がしました。その声は明らかにわたしたちに向けられていました。

◇◇◇◇◇◇◇◇◇◇◇◇◇◇◇◇◇◇◇◇◇◇◇◇◇◇◇◇◇◇◇◇◇◇◇◇◇◇

〔問題2〕
　「こらぁーー!!」と言って，わたしたちを怒ったのは誰でしょう？

予想
　ア．おじさんが戻ってきて怒った。
　イ．他のおじさんが現れて怒った。
　ウ．神社の神主さんが現れて怒った。
　エ．その他（　　　　　　　　　）。

「お前たち、なんてことをしてるんや！」

ふと見ると、顔を真っ赤にして、鬼のような怖い顔をした別のおじさんがわたしたちを見下ろしています。ずいぶん年を取った人でした。

そのおじさんは、日に焼けた顔をいっそう赤くして、顔に刻まれたしわをさらに深くして、わたしたちを怖い顔でにらみつけました。

なんで怒られたのか２人ともすぐにわかりました。わたしは体が動かなくなりました。

どのような言葉で怒られたかは覚えていません。どれくらいの間、叱られていたのかもわかりません。ただ、わたしにはそのおじさんの怖い顔と怒鳴りつける大きな声がこわくて、じっとしているだけでした。　　　　　　　　　　　　　　　　　　（イが正解）

わたしにとっては長い長い時間でした。自然に涙が出てきました。Ｓ君を見ると、同じように泣いていました。

こうして２人のその日の「探検」は終わりました。

····················

家に帰ったわたしは何事もなかったかのように振る舞っていました。

しかし、心の動揺は隠し通せるものではありません。わたしの顔を見て、母親が〈異変〉を感じたようです。

「どうしたの？ なにかあったの？」と、母親が聞いてきました

◇◇

〔問題３〕
母親の質問に対してわたしは、どういう態度を取ったでしょう？

予想

ア．「なんでもないよ」とごまかした。
イ．「友だちとケンカをした」とうそをついた。
ウ．本当のことを話した。
エ．その他（　　　　　　　　　　　　　　）。

わたしは,「本当のことを言うと母親に叱られるかもしれない」と思いました。でも,ごまかさずに,すべてのことを正直に話そうと決心しました。なぜならわたしの母親は,どんなことをしても頭ごなしに叱ることはなく,いつもわたしの理解者であることが多かったからです。

　そんな母親を前にすると,自然に涙が出てきました。

　わたしは,神社での一部始終を母親に話しました。　　（ウが正解）

◇◇

〔問題４〕

　わたしの話を聞いて,お母さんはどういう反応を示したでしょう？

予想

　ア．めずらしくわたしを叱った。
　イ．良くなかった点を教えた。
　ウ．正直に話してくれたことをほめた。
　エ．泣いたり,悲しそうな顔をした。
　オ．その他（　　　　　　　　　　　　　　）。

母親は，わたしの話をじっと聞いていました。
母は怒りませんでした。
何かひとことふたこと言ってくれたようですが，その時の母親の言葉は覚えていません。
　でも，その時の悲しそうな母親の顔は，今も忘れられません。母親のそんな顔を見るのは生まれて初めてでした。　　　（エが正解）

*

　わたしは今，支援学校の教師をしています。支援学校には体の不自由な子どもがたくさんいます。わたしはそのような子を見ていて，今も時々ふと思い出します。
　足をひょこひょこして歩いていた男の人のこと。
　わたしたちを真剣に叱ってくれたおじさんのこと。
　一緒に叱られたＳ君のこと。
　そして，とっても悲しそうだった母親の顔。
　わたしにとってはほろ苦い思い出ですが，今も決して忘れられない思い出です。

〜おわり〜

〈神社〉
―解説―

淀井　泉　京都・特別支援学校

❖実施にあたって

このエピソードには様々な人が出てきます。幼き頃の僕（淀井少年）が"主人公"と言えるのかもしれませんが，読み返してみると，むしろ「わたし」は語り手であり，本当の主人公は読み手によって違うのかもしれないと思えてきます。

障害を持ったおじさん，わたしたちを叱ってくれたおじさん，一緒に叱られたS君，そして母親…，その誰もが主人公であるような気がします。

このプランは「障害者理解教育」というものに使っていただくことが多いかもしれません。それはそれで大変ありがたく，うれしいことですが，一方では，〈そのため〉の授業ではなく，〈日常の何気ない授業の一コマ〉として扱ってもらい，そこから障害者のことも含めて考えていくというのが，当初からの僕のイメージでした。ですから，学級や子どもたちの実態に応じて，そのような扱い方も選択肢に入れていただけたらと思います。

❖授業の評価と感想

ここでは，四ヶ浦友季さん（北海道・小学校）の授業記録から，小学3年生（14名）の評価と感想の一部を紹介いたします。

5段階評価

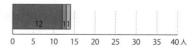

▷Sくんと淀井さんは，障害者の人のまねをしたことは，と

てもだめだなと思ったけれど，淀井さんは，母に正直に言ったのでいいと思いました。それと，なぜ他のおじさんが怒ったのかわからないので，こんど教えてほしいです。それと，私もそういうことはしてはいけないんだなと思って，すごく私のためになりました。淀井さん，あのときだめなことをしたなと後悔していますか？　わたしも後悔する前にそういうことはやめようと思います。ほかの学校でやってもすごく子どもたちのためになると思います。（⑤）

▷とても悲しくてとても勉強になるお話です。淀井さん，このお話は，勉強になり，すごいですね!!　また，ちがうお話をつくってみてくださいね。今回のお話もおもしろかったです。（⑤）

＊子どもの感想は読みやすく加工してあります。

　なんとなく，「このプランの対象は小学校高学年以上かな」と思っていたのですが，四ヶ浦さんの記録を読ませてもらうと，3年生でも十分にできることがわかりました。そればかりか，3年生の子どもたちの感性豊かな感想文に涙が出てきました。四ヶ浦さんには，小学校低〜中学年での実践の可能性まで示唆してくださったことを，大変感謝しています。

❖授業者の感想──四ヶ浦友季

　別の先生のクラスの補欠に入る機会があった際，「道徳を1時間，おまかせでおねがいします」と言っていただいて，このプランをやりました。ですので，子どもたちは「四ヶ浦先生と道徳の授業をするのは初めて」「道徳プランでの授業も初めて」の状態での記録です。（中略）

　感想は，本当に真剣に書いてくれました。私が今まで担任してきた子どもたちは，道徳プランの感想は1〜3行のシンプルなものばかりだったので，休み時間が始まっても黙々と鉛筆を走らせ続ける姿

は，新鮮…！それだけ感想を書きたくなる内容だったようで，この授業の後，理科も補欠に入ったのですが，「次の時間もこんなお話やる？」「もっとやってほしい！」とのリクエストが多数でした。評価で3をつけた子も，悲しさや憤りの気持ちがわいて3にしたようですし，子どもたちはお話に入り込んでいろいろ感じながら聞いてくれたことが伝わってきます。低学年でも十分実施できると思いました。

❖問題2の扱い

ここで，プラン改訂に関わった話をしようと思います。

実は，四ヶ浦さんは子どもたちと授業をして，問題2について次のような疑問を持たれます。

子どもたちは，「神主さんとおじさんが友だちだった」とか「神様のバチが云々…」「他のおじさんも，やっぱり足が不自由だった」等々，想像力を働かせながら活発に意見を言ったらしいのです。四ヶ浦さんも，そんな問題2の選択肢がおもしろく，盛り上がったことを評価しながらも，一方では「なんか本質からはずれているのではないか…」と思われたというのです。彼女の言葉を借りれば，「授業していたときは〈こんなに想像をたくましくさせて，すごいな〉と感心していたんですが，今になってみて，〈てんでばらばらな状況設定にしたがった意見交換に意味はあったのかな??〉という気がしてきたり…」というように。

そして，次のような代案を示されました。

私の考えでは「他のおじさんが現れて，わたしたちに対してどうしたでしょう」の方が「もしも自分がそういう場面にでくわしたら，どうするかな…」と考えやすい気がしました。「障害のある人（だけではなく，弱者）がからかわれているのを目撃したとき，あなたならどうしますか」っていうことになっていいかなあと思ったんです。これから先，そういう場面に出くわすこともあるかと思うので。

僕は四ヶ浦さんのこの考え方にとても感心させられました。そして、これは実際に授業をしていない自分には出てこない選択肢であったと感じました。

もし、自分が授業するならどっちの案でやりたいか…、これは難しいところですが、僕自身は四ヶ浦さんの案でやってみたいと思ったのです。

❖道徳の魅力

そこで、この解説文の最後に、問題2を四ヶ浦さん案に変更したもの（④，⑤）を用意しました。問題2の前後が多少違っているだけで、それぞれ4，5ページとさしかえてお使いいただけます。

こんなふうに2つの案を入れるとまだ揺れ動いてると思われるかもしれません。確定したものを入れて、はっきりと示してあげる方が親切なのかなあと思う思いもあります。

でも、一方では、ひとつの選択肢として、自分がいいと思うものを隠さずに入れるのが誠実なやり方にも思え、そこから、選んでもらうのがいいかもしれないな、とも思うのです。

もともと道徳プランは、授業書のような「完成」されたものではないと思います。もう少し言葉を付け加えると、道徳のプランはいつまでたっても「完成」するようなものではないのかもしれない、というようにも思えてきます。それが〈人間の心〉を扱う"道徳"というものの特性であり、科学とは違うところだと思えてくるのです。

そして、〈だからこそ「道徳」はおもしろいのだ〉と思えます。

ひとつの道徳プランをめぐってみんなで意見が出し合えること、いろいろな選択肢を考え合うこと、そして、そのたびに「なるほど」と思えたり、「それはちょっと自分の感覚ではないな」と感じられたりすること、そういうすべてのことが道徳の魅力ではないかと、今回改めて感じた次第です。

このようなことを考えるきっかけを与えてくれた四ヶ浦さんに感謝をします。

おじさんとすれ違った2人は、一生懸命石段を降りていこうとするおじさんを見下ろしながら、おじさんの歩き方の真似をしはじめたのです。

わたしはS君のその歩き方のおもしろさに思わず大笑いしてしまいました。そして、わたしもおじさんの歩き方を真似して、S君を笑わせました。

今までくすくすと我慢していた笑いが一気に爆発するかのように、2人で大笑いしてしまいました。　　　　　（アとイが正解）

その時です。もうひとり別のおじさんがわたしたちの前に現れました。

◇◇

〔問題2〕
　　わたしたちの前に現れた別のおじさんは、わたしたちにどうしたでしょう？

予想
ア．わたしとS君の様子を見て、思わず笑った。
イ．黙ったまま、わたしとS君をにらんだ。
ウ．「こらー！」とわたしとS君を怒った。
エ．おじさんに近寄っていき、なぐさめた。
オ．関係ない顔をして、特に何もしなかった。
カ．その他（　　　　　　　　　　　　　）。

次の瞬間,「こらぁーー!!」と,ものすごく大きな声がしました。
「お前たち,なんてことをしてるんや!」
その声は明らかにわたしたちに向けられていました。
顔を真っ赤にして,鬼のような怖い顔をした別のおじさんがわたしたちを見下ろしています。ずいぶん年を取った人でした。
そのおじさんは,日に焼けた顔をいっそう赤くして,顔に刻まれたしわをさらに深くして,わたしたちを怖い顔でにらみつけました。
なんで怒られたのか2人ともすぐにわかりました。わたしは体が動かなくなりました。

どのような言葉で怒られたかは覚えていません。どれくらいの間,叱られていたのかもわかりません。ただ,わたしにはそのおじさんの怖い顔と怒鳴りつける大きな声がこわくて,じっとしているだけでした。
わたしにとっては長い長い時間でした。自然に涙が出てきました。S君を見ると,同じように泣いていました。　　　　　（ウが正解）
こうして2人のその日の「探検」は終わりました。

……………

研究授業での利用は慎重に！
―過度の期待は禁物です―

中 一夫 東京・中学校

❖**研究授業での利用は慎重に！**

この本で紹介する道徳プランは，従来の道徳授業に比べて圧倒的にやりやすく，子どもたちにも歓迎されるでしょう。けれども，〈研究授業〉などでの使用については，慎重に考えてもらう必要があります。

そもそも〈研究授業〉は，純粋に研究的に進められるわけではなく，暗黙のしばりの中で行われるのが普通です。そこには「道徳の授業はこうあるべき」「教材はこう取りあげるべき」などという〈常識〉があり，その下で指導案の検討や書き替えなどがなされているのは，誰しも経験していることではないでしょうか。

ですから，道徳プランのような教科書にない教材を使った授業は，それだけで「研究授業の趣旨にあわない」と言われることもあります。選択肢は「ゲーム的だ」と批判されることが多いですし，子どもが自由に意見を言って，楽しそうに盛り上がっても，ふざけていると見られてしまうこともあります。また，道徳プランはもともと指導要領の内容項目に合わせて作られたものではないので，一つのプランにさまざまな内容項目が当てはまります。そのため，「ねらいがはっきりしない」と言われるのも仕方のないことです。

そしてまた，教育界では「それぞれの教師が工夫して指導する」ことが常識となっており，「クラスや教師が違っても使える授業プラン」という発想は，簡単に受け入れられるものではありません。ましてや価値観などが問題となる「道徳」に関して，「誰

でもその通りにやったらうまくいく道徳プラン」などは，最も受け入れがたい発想かもしれないのです。

ここで紹介する道徳プランが従来の道徳授業から見て画期的であればあるほど，授業を見た人の反応も分かれるでしょう。実際，専門家によって意見も違い，同じ道徳プランが絶賛されることもあれば，逆に批判されることもあります。

ですから，「子どもが喜んでいるから，きっと分かってもらえるだろう」と期待して安易に研究授業で実施するのは，控えた方がいいと思うのです。

*

それでも，「他にやりたい教材がないから，ぜひ使いたい」という人も少なからずいるでしょう。そこで，研究授業などに使う場合の注意を少し書いておきたいと思います。

まずは，「こんなにいいものだから，分かってもらえるはずだ」という過度の期待は持たずに実施するのが大前提です。そして，評価してもらうことより，「誰かが興味を示してくれればいい」くらいの目標で行うことがいいでしょう。おそるおそる〈一つの提案〉というような形でやってもらえたらと思います。そして，たとえばこのような説明をしてみてはどうでしょう？

「今回使ったプランは，一般的に取扱われる道徳授業の形とはかなり違いますが，自分なりの道徳の授業をさぐってみたいと思って，あえて実験的なものを選んでみました。こういう形の問いかけに子どもたちはどう反応するかを知りたいと思いましたし，子どもたちがそれぞれどういう問いかけで考えやすいか，それを探るつもりで，一つの試みとしてこういうやり方を試してみました」

――それでも批判される場合もあるでしょうが，そもそも研究授業では全面的にほめられたりすることはまれでしょうから，あまり高い目標にせずに実施していただけたらと思います。

あとがきに代えて
──『日本教育新聞』に掲載された書評──

監修者：中　一夫

　この本は，元々は月刊誌『たのしい授業』の2018年4月臨時増刊号（No.476）として発売されたものですが，その後，『日本教育新聞』（2018年8月20日）に本書の書評が掲載されました。
　直前のコラム④「研究授業での利用は慎重に！」にも書いたとおり，この本に収録されているような道徳プランは，その評価が大きく分かれることが少なくありません。実際，私の学校では私が作った道徳プランを他の先生が研究授業で実施するということが2年続きましたが，このときも道徳を研究しているという講師の大学教授の評価は全く逆のものに分かれました。

・研究授業1年目──〈長所・短所〉（『生きる知恵が身に付く道徳プラン集』所収，仮説社）……絶賛。
・研究授業2年目──〈指揮者のミス〉（『たのしい授業プラン道徳』所収，仮説社）……全否定。

　一年目と二年目の講師は別の教授で，その評価の違いはほんとに講師の考え方によるという感じでした。特に「道徳とはこうあるべき」という考えの強い人は，評価しないことが多いように思えました。そういうことをうけて，本書ではみなさんに注意喚起をしたわけです。
　さて，『日本教育新聞』といえば，管理職やそれを目指す人たちが読む新聞です。道徳教科化まっただ中のいま，その新聞で，本書はどのような評価を受けたのでしょうか？　あなたの予想は？

〔予想〕

ア．とても好意的（絶賛）。

イ．どちらかといえば好意的。

ウ．どちらともいえない（ほめたりけなしたり）。

エ．どちらかといえば否定的。

オ．とても否定的（全否定）。

＊

この書評，ビックリするくらいの「大絶賛」です。何しろ「表紙から裏表紙まで楽しんだ。これほど魅力的な本はそうあるまい」という出だしです。そして，「教壇を去った今もなお，本書のプランを引っ提げて教壇に立ちたい！」という嬉しい言葉。さらには，巻頭論文やコラムまで絶賛で，それらを書いた私はくすぐったいほど。「宣伝・広告のページ」さえ読むことを勧め，最後は「本書を隅々まで使い切ったところに，道徳指導の極意が見えてくるような気がする」という終わり。それこそ隅から隅まで絶賛の書評。教育の本でこれほど100％讃美の書評は見た覚えがありません。

この本で提唱している〈道徳プラン〉は，子どもたちからの評価は圧倒的といっても，まだまだ一般的には評価されていない新しい試みです。他の人が評価していないものを評価するのはとても勇気のいることです。それを実感として知っている私たちにとって，この手放しの評価はことにうれしいものです。それにしても，教科書のこなし方のコラムまでほめてもらえるとは思ってなかったので，ほんとにビックリです。

今回の単行本化にあたって，その書評の全文を次ページに収録させていただきましたので，紹介させていただきます（なお，転載にあたっては原文の読点はコンマに変更し，タイトルを補ってあります）。

あとがきに代えて

書評 『道徳大好き！ 子どもが喜ぶ道徳プラン集』
教壇に立ちたい！との思いに駆られた読後感

　　　　八木雅之　元公立小学校校長

◆**子どもの感想と共に提示**

　表紙から裏表紙まで楽しんだ。これほど魅力的な本はそうあるまい。若かりし折，仮説実験授業の魅力に触れ，ワクワクしながら取り組んだことがあるが，教壇を去った今もなお，本書のプランを引っ提げて教壇に立ちたい！　との思いに駆られた。これが評者の率直な読後感だ。

　本書は副題にあるように，要は道徳授業の教材プランが提案されている教材集だ。しかし，ただの教材提示とは違う。そのまま使えるのだ。それだけではない。実践後の子どもたちの率直な感想・印象も含めた報告書付きである。

　提案されているプランは，指導要領の示す4内容に関わる14教材。いずれも，編者の体験等を基にした日常の生活から構成されている。それだけに現実味があり，子ども目線で主体的に取り組める。

　加えて，本書の理論的支柱に当たる巻頭の論文やコラム欄が良い。コラムなどと聞くと，軽いエッセーかと思いがちだが，とんでもない。授業への不安は消え，むしろ勇気さえ湧いてくる。絶対に読み飛ばさず読んでほしいところだ。

　冒頭「表紙から裏表紙まで」と記したが，本当にそうなのだ。宣伝・広告のページも目を留めてほしい。本書を隅々まで使い切ったところに，道徳指導の極意が見えてくるような気がする。

　　　　　　　　（『日本教育新聞』2018年8月20日書評欄より）

＊

　この本で紹介した道徳プランとその考え方は、私たちが「ぜひとも子どもたちにやりたい道徳授業」を実現するために研究して作り上げてきたものです。それをこれほどしっかり認め、推薦してもらえたことを素直に喜びます。自分たちの仕事の未来への広がりの期待も高まります。

　けれども、この好意的な書評を盾に取り、「こんなにいいものを認めないなんて！」というような対決的な姿勢での広め方や実施の仕方は控えていきたいと思います。私たちの道徳プランが画期的なものであればあるほど、そう簡単には認められないでしょう。また、教科書ができたばかりの時期にそれとは違うものを強く主張するのは、現場での衝突を増やし、かえって道徳プランの実施が困難になることもあるでしょう。

　それよりも、「『日本教育新聞』で絶賛されていたので興味を持ちました。その本にあるプランをやってみたいんです」とでも言ってもらった方が実施しやすくなるのではないでしょうか？　そういう紹介の方が、道徳プランを知らない人にも、興味を抱かせるものになるかもしれません。この暖かく力強い書評を、ぜひ私たちの力にしていきたいです。

　改めて、私たちは今まで進めてきた研究のやり方――「あせらず、着実に確かなものを一つずつ積み上げていく」ということを忘れずにいきたいと思うのです。つまり、今までもこれからも、子どもたちの評価をもとに、本当に喜ばれる道徳授業を探っていきたいと思うのです。そういう思いを新たにさせてもくれる今回の書評に、あらためて感謝です。

(2019.1.24)

道徳大好き！ 子どもが喜ぶ道徳プラン集

無断転載厳禁　©「たのしい授業」編集委員会 編／監修：中　一夫

2019年 3月1日　　初版1刷（1200部）

　　　　　＊本書は『たのしい授業』2018年4月臨時増刊号として
　　　　　　発行された同名の雑誌を書籍化したものです。

発行　株式会社 仮説社
　　　〒170-0002　東京都豊島区巣鴨1-14-5　第一松岡ビル3階
　　　Tel. 03-6902-2121　　Fax. 03-6902-2125
　　　E-mail：mail@kasetu.co.jp　URL = https://www.kasetu.co.jp/
印刷　株式会社平河工業社　Printed in Japan
用紙　本文＝クリーム金毬四六 Y67.5ノカバー＝モンテルキア菊 Y77.5ノ表紙＝片
　　　面クロームカラー N ホワイト菊 T125ノ見返し＝タント L68 四六 Y100
装丁装画　いぐちちほ
　　　　　＊定価はカバーに表示してあります。落丁・乱丁はお取り替えします。

ISBN978-4-7735-0294-7　C0037

●仮説社の本　*表示価格はすべて税別です

生きる知恵が身に付く道徳プラン集

「たのしい授業」編集委員会 編／中　一夫 監修　　他の人と気持よく過ごすために知っていると役に立つ知識＝「生きる知恵」が学べる道徳プラン集。おねしょ，班決め，あいさつの意味，そしていじめのプランなど，学校現場で困りやすいテーマだから役立つこと間違いなし！
ISBN978-4-7735-0266-4　C0037
B6判 302ペ〔初版 2016年〕　　　　　　　　　　　　　　**本体 1800円**

学校現場かるた　　学校の法則・生き抜く知恵

中　一夫 著　　こどもや保護者との付き合い方，職員室の人間関係，そして自分との付き合い方……。今まで見えなかった学校現場を生き抜いていくための知恵・法則を〈かるた〉にまとめました。悩んだとき，パラパラめくってみるだけで，現状打開のヒントが見つかるかも!?
ISBN978-4-7735-0232-9　C0037
四六判 142ペ〔初版 2012年〕　　　　　　　　　　　　　**本体 1600円**

板倉聖宣の考え方　　授業・科学・人生

板倉聖宣・犬塚清和・小原茂巳 著　　板倉聖宣さんの著書や講演の記録から，ルネサンス高校グループ名誉校長の犬塚清和さんが30のテーマを厳選して紹介。それぞれのテーマについて，犬塚さんと明星大学常勤教授の小原茂巳さんが分かりやすく解説を添えています。
ISBN978-4-7735-0288-4　C0037
四六判 197ペ〔初版 2018年〕　　　　　　　　　　　　　**本体 1800円**

たのしく教師デビュー　　通信教育で教員免許を取得し営業マンから高校教師になったボクの話

高野　圭 著　　通信教育で教員免許を取得し，営業マンから高校理科教師に転身した著者。明星大学で小原茂巳教授に教わった〈仮説実験授業〉の波及効果で，教師1年目なのに生徒からは大人気☆ 新米なのに，仕事を楽しんじゃってる著者の教師生活の様子を大公開！
ISBN978-4-7735-0287-9　C0037
四六判 223ペ〔初版 2018年〕　　　　　　　　　　　　　**税別 1800円**

たのしいマット運動への道

峯岸昌弘 著　　問題形式でいろいろな動きにチャレンジするうちに，なんとなくできるようになってしまう，新しい体育の授業。授業で見せるための「フリップ」や，子どもたちのやる気を引き出す「マット運動カード」，実演動画のデータを収録した DVD 付き。
ISBN978-4-7735-0286-2　C0037
A5判 168ペ〔初版 2018年〕　　　　　　　　　　　　　**本体 2800円**